スピード攻略！

英検® 2級

一問一答

& 予想模試

英検®は、公益財団法人 日本英語検定協会の登録商標です。

JN007625

成美堂出版

本書の使い方

　本書は，Part 1の前に各大問の出題形式にかかわらず重要な文法事項・熟語・表現を確認できる「頻出文法・熟語・表現」を収録しています。Part 1以降では，本試験の各大問の形式で練習問題を収録しています。

●**頻出文法・熟語・表現**　英検®でよく出る文法事項，熟語，表現を，空所補充問題，語句整序問題の形式で収録してあります。

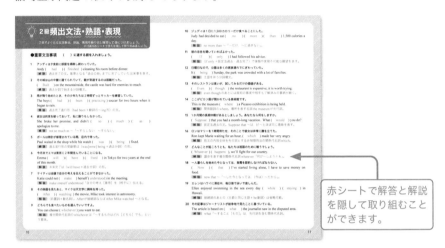

赤シートで解答と解説を隠して取り組むことができます。

●**Part 1以降**　各パートでは，それぞれの大問の形式と傾向・対策（リスニングは除く）のほかに，実際の問題を解くうえでポイントとなる考え方や注意点をまとめてあります。練習問題に取り組む前によく読んで，それぞれの大問について理解を深めましょう。

各大問の設問形式と傾向を押さえましょう。

基本的な対策を理解しましょう。

考え方や注意すべき点を確認しましょう。

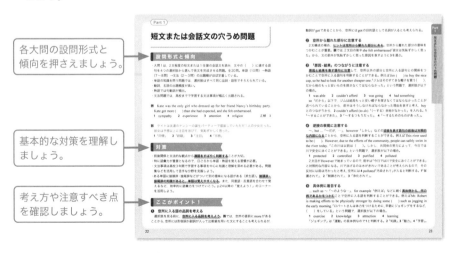

●**練習問題** 各大問の形式と同じ形式の練習問題，解答・訳・ポイントが掲載されています。

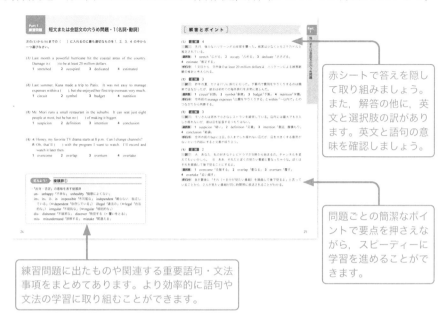

赤シートで答えを隠して取り組みましょう。また，解答の他に，英文と選択肢の訳があります。英文と語句の意味を確認しましょう。

問題ごとの簡潔なポイントで要点を押さえながら，スピーディーに学習を進めることができます。

練習問題に出たものや関連する重要語句・文法事項をまとめてあります。より効率的に語句や文法の学習に取り組むことができます。

別冊について

　別冊には，一次試験予想模試が2回分収録されています。問題形式も問題数も実際の試験と同じなので，本試験と同じ試験時間でチャレンジしてみましょう。

　リスニング問題は1問ごとに音声を聞くこともできます。模試を一通り終えたら，1問単位で音声を聞き取る練習にも使うことができます。

　別冊付属の解答用紙を使って，マークシート方式の解答にも慣れておきましょう。

本番のつもりで模試に取り組みましょう！

Contents

成美堂出版発行の英検®対策書
お買い上げのお客様へ

　2023年11月に，実用英語技能検定のリニューアルが発表されました。2024年6月の第1回検定（S-CBTは5月実施分）から，英検®の1級，準1級，2級，準2級，3級の試験のライティング問題に新しい形式の問題が追加されます。これに伴い，2級の筆記試験の問題数が下記のとおり変更されます。リスニング問題，準1級を除く二次試験については，変更はありません。変更されるのは一部ですので，本書掲載の問題の解き方・テクニックは試験制度変更後も引き続き，お使いいただけます。

2級の変更内容

大問		変更内容
1	短文または会話文の穴うめ問題	問題数が20問から17問に削減。
2	長文の穴うめ問題	変更なし。
3	長文の内容に関する問題	大問数が3題から2題に削減。
4	ライティング	英語の文章の要約を英語で記述する問題（要約問題）が追加。

・ライティングに追加される要約問題は，160語程度の文章の要約を45〜55語程度で書く問題です。従来の形式（意見論述問題）は変更ありません。
・ライティング問題は，要約問題→意見論述問題の順に出題されます。
・筆記試験の試験時間は85分で変更ありません。

※試験の変更点，ライティング試験の詳細については英検®ウェブサイトでご確認ください。

※英検®は，公益財団法人 日本英語検定協会の登録商標です。

本書は，原則として2023年3月1日の情報に基づいて編集しています。

2級受験ガイド

●2級のめやす

　2級のレベルは高校卒業程度で，社会生活に必要な英語を理解し，使用できることが求められます。

〈審査領域〉

　読む……社会性のある内容の文章を理解することができる。

　聞く……社会性のある内容を理解することができる。

　話す……社会性のある話題についてやりとりすることができる。

　書く……社会性のある話題について書くことができる。

●内容・形式

一次試験・筆記

大問1	短文または会話文の穴うめ問題（20問） 短文または1往復の会話文を読み，文中の空所に適切な語句を補う。
大問2	長文の穴うめ問題（6問） 説明文を読み，パッセージの空所に，文脈に合う適切な語句を補う。
大問3	長文の内容に関する問題（12問） Eメールや説明文などを読み，これらの英文の内容に関する質問に答える。
大問4	ライティング（1問） あるトピックに関する質問に対して，自分の意見とその理由を書く。

一次試験・リスニング

第1部	会話文の内容に関する質問に答える。（15問） 会話文を聞き，会話の内容に関する質問に答える。
第2部	短いパッセージの内容に関する質問に答える。（15問） 物語文や説明文などを聞き，その内容に関する質問に答える。

●英検®（従来型）日程

　一次試験（本会場）　第1回　6月　　第2回　10月　　第3回　翌年1月

※上記は基本的な実施月です。試験は年に3回実施されます。

※二次試験は一次試験のおよそ1か月後に実施されます。

※各回の正確な申込期間・日程は英検®ホームページでご確認ください。

●受験資格

受験資格に制限はありません。ただし，目や耳・肢体などが不自由な方は特別措置がありますので，申請期間を確認し，英検ウェブサイトより申請してください。

●成績

スピーキング，リスニング，リーディング，ライティングの4技能について，それぞれスコアならびにCEFRレベルが出されます。

2級の合格基準スコア　一次試験1520／二次試験460

（満点は各技能・二次試験それぞれ650）

※スコアは各回の全答案採点後に統計的手法によって算出されるため，受験者が自分の正答数でスコアを算出することはできません。

●一次試験免除

1〜3級の一次試験に合格し，二次試験を棄権または不合格になった人に対して，一次試験免除制度があります。申込時に申請をすれば，一次試験合格から1年間は一次試験が免除され，二次試験から受けることができます。検定料は，一次試験を受ける場合と同様にかかります。

●英検S-CBT

実用英語技能検定準1級，2級，準2級，3級で，コンピューターで4技能すべてを1日で受験する方式の英検S-CBTが原則毎週実施されています。従来型の英検®，英検S-CBTのどちらの方式でも，合格すれば同じ資格が得られます。英検S-CBTは同一検定回で同じ級を2回受験でき，英検®（従来型）との併願も可能です。英検S-CBTも一次試験免除で申し込むことができます。

●問い合わせ

公益財団法人 日本英語検定協会

〒162-8055　東京都新宿区横寺町55番地

TEL　03-3266-8311

英検®サービスセンター（個人受付）

（平日9:30〜17:00　土・日・祝日を除く）

英検®ホームページ　https://www.eiken.or.jp/eiken/

試験に関する情報は，変更される場合があります。受験前に必ず英検®ホームページで詳細を確認しましょう！

●CDについて

　本書には，Part 5のリスニング問題，Part 6の二次試験，一次試験予想模試用の音声を収録したCDを付属しています。以下を参照して，各問題と対応するトラック番号の音声を再生してください。

トラック番号	収録内容
CD 2 ～ CD 31	Part 5　リスニング第1部，第2部
CD 32 ～ CD 35	Part 6　二次試験・面接
CD 36 ～ CD 65	一次試験　予想模試第1回
CD 66 ～ CD 95	一次試験　予想模試第2回

※本書付属のCDのトラック番号 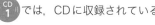 では，CDに収録されている
　内容が紹介されています。

> 付属CDは問題を解く以外にも，音声を使ったシャドーイング（音声について発音をまねる）やディクテーション（音声を聞いて書き取る）の練習をすることができます。ぜひ活用して学習に生かしてください。

2級頻出文法・熟語・表現

ここでは，2級でよく出る文法事項，熟語，表現をチェックします。
日本語の内容を表す英文になるように（　　）に適する語を入れる問題と，語句を並べかえる問題があります。解答が赤文字で示されていますので，赤シートをかぶせて取り組みましょう。

2級頻出文法・熟語・表現

2級でよく出る文法事項，熟語，表現を繰り返し練習して身につけましょう。

※付属の赤シートで答えを隠して取り組みましょう。

●重要文法事項　（　）に適する語を入れましょう。

1 アンディは夕食前に部屋を掃除し終わっていた。

Andy (had) (finished) cleaning his room before dinner.

解説 過去完了の文。基準となる「過去の時」までに完了していた出来事を表す。

2 その城は山の中腹に建てられていて，敵が到達するのは困難だった。

(Built) on the mountainside, the castle was hard for enemies to reach.

解説 過去分詞で始まる分詞構文。

3 雨が降り始めたとき，その少年たちは2時間ずっとサッカーを練習していた。

The boys (had) (been) (practicing) soccer for two hours when it began to rain.

解説 過去完了進行形〈had been＋動詞の〜ing形〉の文。

4 彼女は約束を破っておいて，私に謝りもしなかった。

She broke her promise, and didn't (so) (much) (as) apologize to me.

解説 not so much as 〜「〜すらしない，〜すらない」

5 ポールは時計が修理されている間，店内で待った。

Paul waited in the shop while his watch (was) (being) fixed.

解説 過去進行形の受動態は〈was[were] being＋過去分詞〉の形。

6 今月末でエマは東京に2年間住んでいることになる。

Emma (will) (have) (lived) in Tokyo for two years at the end of this month.

解説 未来完了は〈will have＋過去分詞〉の形。

7 ケイティは会議で自分の考えを伝えることができなかった。

Katie could not (make) herself (understood) in the meeting.

解説 make oneself understood「自分の考え［意思］を（相手に）伝える」

8 その映画を見たあと，マイクは天文学に興味を持った。

(After) (watching) the movie, Mike took interest in astronomy.

解説 〈前置詞＋動名詞〉。Afterが接続詞ならばAfter Mike watched 〜となる。

9 どちらでも食べたいものを選んでいいですよ。

You can choose (whichever) you want to eat.

解説 複合関係代名詞のwhicheverは「〜するものはどれ［どちら］でも」という意味。

10 ジュディは１日に1,500カロリーだけ食べることにした。

Judy had decided to eat (no) (more) (than) 1,500 calories a day.

解説 no more than ～「～だけ，～に過ぎない」。

11 彼の忠告を聞いていればよかった。

(If) (only) I had followed his advice.

解説 〈if only ＋仮定法過去・過去完了〉で後悔や実現不可能な願望を表す。

12 日曜日なので，公園は多くの家族連れでにぎわっていた。

It (being) Sunday, the park was crowded with a lot of families.

解説 主語を伴う分詞構文。

13 そのレストランは高いが，試してみるだけの価値がある。

(Even) (though) the restaurant is expensive, it is worth trying.

解説 even though のあとには既知の事実や相手も了解済みの事柄が続く。

14 ここがピカソ展が開かれている美術館です。

This is the museum (where) a Picasso exhibition is being held.

解説 関係副詞の where。場所を表す名詞 the museum が先行詞。

15 １か月間の長期休暇があるとしましょう。あなたなら何をしますか。

(Suppose) that you had a month-long vacation. What (would) you do?

解説 仮定法過去の文。Suppose that ～は，If ～とほぼ同じ意味を表す。

16 ロンはマリーを１時間待たせ，そのことで彼女は非常に腹を立てた。

Ron kept Marie waiting for an hour, (which) made her very angry.

解説 前文の内容全体を先行詞とする非制限用法の関係代名詞 which。

17 どんなことが起ころうとも，私たちは祖国のために戦うでしょう。

(Whatever) (happens), we'll fight for our country.

解説 譲歩を表す複合関係代名詞 whatever「何が～しようとも」。

18 一人暮らしを始めた今となっては，食費を節約しなければならない。

(Now) (that) I've started living alone, I have to save money on food.

解説 now that ～「～した今となっては，（今は）～だから」。

19 エレンはハワイに滞在中，毎日海で泳いで楽しんだ。

Ellen enjoyed swimming in the sea every day (while) (staying) in Hawaii.

解説 接続詞のあとの〈主節と同じ主語＋be動詞〉は省略可能。

20 その記事はジャーナリストが紛争地で見たことに基づいている。

The article is based on (what) the journalist saw in the disputed area.

解説 what「～すること［もの］」は，先行詞を含む関係代名詞。

21 どんなに我慢強い人でも彼の無礼な振る舞いには腹を立てるだろう。

The most patient person (would) get angry at his rude behavior.

解説 仮定法過去の文。主語に条件が含まれている。

22 ここは有名な科学者が生まれた家です。

This is the house (in) (which) a famous scientist was born.

解説 〈前置詞＋関係代名詞〉。in which は where 1 語に書き換え可。

23 直ちに何らかの対策を取らない限り，私たちはエネルギー危機に直面するだろう。

We will face an energy crisis (unless) some measures are taken immediately.

解説 unless ＝ if ～ not「～しない限り，（もし）～しなければ」。

24 海外で暮らすとしたら，あなたはどの国を選びますか。

Which country would you choose if you (were) (to) live abroad?

解説 仮定法の文。were to *do* は実現の可能性が低い仮定を表す。

25 ターナーさんは秘書にニューヨーク行きの便を予約してもらった。

Mr. Turner (had) his secretary (reserve) a flight to New York.

解説 〈have ＋ O ＋動詞の原形〉「O に～してもらう」。

26 だれも彼が仕事をやめた理由を知らない。

Nobody knows the (reason) (why) he quit his job.

解説 関係副詞の why。why ＝ for the reason。

27 彼女はスピーチコンテストで 1 等賞を取るとは夢にも思わなかった。

(Little) (did) she dream of winning first prize in the speech contest.

解説 否定の副詞を文頭に置いた倒置構文。

28 彼がもっと一生懸命に練習していたら，そのテニスの試合に勝っただろうに。

(Had) he practiced harder, he (would) (have) (won) the tennis match.

解説 仮定法過去完了の文。条件節が倒置になっている。

29 たとえ今回失敗しても，彼女にはまだ次のチャンスがあるだろう。

(Even) (if) she failed this time, she would still have another chance.

解説 even if は if の強調形で，あとには仮定が続く。

30 彼女はその知らせを聞いてほっとしたというよりうれしかった。

She was (more) happy (than) relieved to hear the news.

解説 同一の人・ものの性質などを比較するときは more を使う。

31 万一さらなる助けが必要な場合は，私に連絡してください。

Please contact me (if) you (should) need any more help.

解説 should は実現の可能性が低い仮定を表す。

32 多くの人々が環境を損ねないためにエコバッグを使っている。

Many people use eco bags in (order   ) (not   ) (to   ) harm the environment.

解説 in order to *do*「〜するために」の否定形。to不定詞の直前にnotを置く。

●重要文法事項　(   )内の語句を正しく並べかえましょう。

※(   )の中では，文のはじめにくる語も小文字になっています。

1 ジルは彼女のコンピューターを修理してもらうことに決めた。

Jill (her computer / decided / get / to / fixed).

解答 decided to get her computer fixed

解説 〈get ＋ O ＋過去分詞〉「Oを〜してもらう」。

2 荒天のためにヘリコプターは飛ぶことができなかった。

Rough weather (flying / prevented / from / the helicopter).

解答 prevented the helicopter from flying

解説 〈prevent ＋ O ＋ from *doing*〉「Oが〜するのを妨げる」。

3 ラルフは毎日自炊するのは難しいとわかった。

Ralph (for / found / to / himself / difficult / cook / it) every day.

解答 found it difficult to cook for himself　**解説** itは形式目的語。

4 エアコンをつけてもよろしいですか。

(turning / would / my / mind / on / you) the air-conditioner?

解答 Would you mind my turning on

解説 Would you mind my *doing*?「（私が）〜してもよろしいですか」。myは動名詞の意味上の主語。

5 どんなに困難であっても，私たちはこの計画を成功させなければならない。

(difficult / may / however / be / it), we must make this project a success.

解答 However difficult it may be　**解説** 譲歩を表す複合関係副詞however。

6 ジュディは買い物中に自転車を盗まれた。

Judy (stolen / while / had / shopping / her bike).

解答 had her bike stolen while shopping

解説 〈have ＋ O ＋過去分詞〉「Oを〜される，Oを〜してもらう」。

7 その食糧はアフリカ諸国で飢えに苦しんでいる人々に送られます。

The food (those / will / sent / starving / who / to / are / be) in African countries.

解答 will be sent to those who are starving

解説 those who 〜「〜する人々」。

8 教師はその少女に教科書を閉じて質問に答えるように言った。

The teacher told the girl to (her textbook / answer / closed / with / his question).

解答 answer his question with her textbook closed

解説 〈with ＋ O ＋過去分詞〉で，「Oが〜された状態で」という付帯状況を表す。

9 ゴミのにおいで気持ちが悪くなった。

(sick / the garbage / me / the bad smell / from / feel / made).

解答 The bad smell from the garbage made me feel sick

解説 無生物主語の文。〈make＋O＋動詞の原形〉「Oに〜させる」。

10 昨日になって初めてその知らせを聞いた。

(until / it / that / not / yesterday / was) I heard the news.

解答 It was not until yesterday that **解説** 強調構文。

11 学生たちはこの部屋のコンピューターを使うことを許可されていません。

(not / students / use / are / the computers / to / allowed) in this room.

解答 Students are not allowed to use the computers

解説 〈allow＋O＋to *do*〉「Oが〜するのを許可する」の受動態。

12 彼女はその子供たちに食べ物を与えただけでなく，彼らに住む場所も提供した。

(only / she / the children / not / food / to / give / did), but she provided them with a place to live.

解答 Not only did she give food to the children

解説 not only A but (also) B「AだけでなくBも」 not only が動詞を修飾するとき，倒置が起こる場合がある。

13 生徒たちはフォード先生が教室に入ってくるやいなや席に着いた。

All the students took their seats (Mr. Ford / into / the / came / the classroom / moment).

解答 the moment Mr. Ford came into the classroom

解説 the moment 〜「〜するやいなや」。

14 サラは気が弱いところがあるから，私は彼女がかえって好きだ。

I like Sarah (because / the / nervous / all / is / better / she).

解答 all the better because she is nervous

解説 all the better because 〜「〜だからかえって」。

●重要熟語　(　)に適する語を入れましょう。

動詞を含む熟語

1 稲作技術は代々引き継がれてきた。

Rice farming techniques have been (　handed　) (　down　) for generations.

2 マーティンのオートバイは出勤途中に故障した。

Martin's motorbike (　broke　) (　down　) on his way to work.

3 私たちはその問題をじっくり考える時間が必要だ。

We need some time to (　think　) (　over　) the matter.

4 ジョージの両親は彼に家業を継いでもらいたいと思っている。

George's parents want him to (　carry　) (　on　) the family business.

5 最近は「風車」と言えば電気を起こすための構造物を指す。

These days, a 'windmill' (refers) (to) a structure used to produce electricity.

6 ビルは喫煙が健康に悪いことをようやく理解するようになった。

Bill eventually (came) (to) realize that smoking is bad for his health.

7 その委員会は7人のメンバーで構成される。

The committee is (made) (up) (of) seven members.
※ be made up of ~「~で構成される（≒ consist of ~）」。

8 多くの人々はストレスに対処するのは難しいと感じている。

Many people find it difficult to (cope) (with) stress.

9 その会社は財政難のために多くの従業員を解雇した。

The company (laid) (off) many workers due to financial difficulties.

10 キャロルはいつも父親を尊敬してきた。

Carol has always (looked) (up) (to) her father.
※ look up to ~「~を尊敬する（≒ respect）」⇔ look down on ~「~を軽蔑する」。

11 その会社では紙の書類を廃止することを決定した。

The company has decided to (do) (away) (with) paper documents.

12 私たちはきれいな水が手に入るのは当たり前だと考えがちである。

We tend to (take) (for) (granted) the fact that clean water is available.

13 日本はエネルギーを輸入に依存している。

Japan (relies) (on[upon]) imports for energy.
※前置詞は on がふつう。depend on[upon] ~もほぼ同じ意味を表す。

14 今朝彼は寝坊して，駅までタクシーで行くことになった。

This morning he overslept and (ended) (up) taking a taxi to the station.

15 ラルフは新しく買った車を友人たちに見せびらかした。

Ralph (showed) (off) his new car to his friends.

16 その兵士たちは敵軍に最後まで降伏しなかった。

The soldiers never (gave) (in) to the enemy.

17 昨晩泥棒が隣家に押し入って宝石類を盗んだ。

A thief (broke) (into) the house next door and stole some jewelry last night.

18 彼にとって少ない給料で暮らすのは難しいことだった。

It was difficult for him to (live) (on) a small salary.

19 エマはカリフォルニア州で生まれ育った。

Emma was born and (brought) (up) in California.

※ bring up「〜を育てる（≒raise）」。

20 被災地では食糧と水が底を突いてきている。

The disaster area is (running) (out) (of) food and water.

21 彼は失った時間を取り戻そうと精一杯努力した。

He tried his best to (make) (up) (for) the time he lost.

22 その計画を実行に移すには多大なコストがかかるだろう。

It will cost a lot to (put) the plan (into) (practice).

23 この暑さにはこれ以上我慢できない。

I can't (put) (up) (with) this heat any longer.

24 彼女はハロウィンの衣装を着た私を見てどっと笑いだした。

She (burst) (into) laughter when she saw me in my Halloween costumes.

25 彼の提案はすぐに却下された。

His proposal was (turned) (down) immediately.

26 多くの自動車事故はスピードの出し過ぎが原因である。

Many car accidents (result) (from) speeding.

※ result in 〜だと「〜の結果になる」という意味。

27 ブラジルは世界のコーヒー生産量の約30パーセントを占める。

Brazil (accounts) (for) about 30% of global coffee production.

28 SDGsは持続可能な開発目標を表す。

SDGs (stands) (for) Sustainable Development Goals.

29 マイの性格は母親譲りである。

Mai (takes) (after) her mother's personality.

30 リストにざっと目を通していただけますか。

Would you (look) (over) the list?

31 あなたは科学のレポートをもう出しましたか。

Have you (turned) (in) your science report yet?

※ turn in 〜「〜を提出する（≒submit）」。

32 結局シェリルはパーティーに姿を見せなかった。

After all, Sheryl didn't (show) (up) at the party.

形容詞を含む熟語

1 私たちはみな世界の平和を切望している。
We are all (anxious) (for) world peace.

2 彼は法律にうとい。
He is (ignorant) (of) the law.

3 市長がその収賄事件に関わっていたことは明らかだ。
It is clear that the city mayor was (involved) (in) the bribery scandal.

4 今日では多くのテレビはインターネットに接続可能である。
Today, many TVs are (capable) (of) connecting to the Internet.

5 あなたは自分の能力にもっと自信を持つべきだ。
You should be more (confident) (of[in]) your own ability.

6 その歴史博物館は訪れる価値がある。
The history museum is (worth) (visiting).
※ be worth *do*ing「～する価値がある（≒ be worthy of *do*ing）」。

7 ジェーンはもう自転車通勤に慣れた。
Jane has already gotten (accustomed) (to) going to work by bike.

8 私のフランス語の能力は彼よりかなり劣っている。
My French ability is much (inferior) (to) his.

9 最近ジュリアは地元のボランティア活動に携わっている。
Julia is (engaged) (in) local volunteer activities lately.

10 多くの人々が生物多様性を保護することの重要性に気がついている。
Many people are (aware) (of) the importance of protecting biodiversity.

11 その曲は私たちのだれにもなじみがあることだろう。
The tune may sound (familiar) (to) us all.

12 デイヴはその映画に飽きてしまって，途中で退席した。
Dave got (bored) (with) the movie and walked out.

13 彼らは観光が環境に与える悪影響を心配している。
They are (concerned) (about) the negative effects of tourism on the environment.

14 ブライアンは親から独立して3年になる。
Brian has been (independent) (of) his parents for three years.

15 彼はもう社会的責任を自覚していい年齢だ。
He is old enough to be (conscious) (of) social responsibility.

16 世界人口は2030年には85億人に達する見込みだ。
The world's population is (likely) (to) reach 8.5 billion in 2030.

17 彼はしぶしぶ自分の失敗を認めた。

He was (reluctant) (to) admit that he had made a mistake.

18 日本の多くの大学では外国人留学生を積極的に受け入れている。

Many colleges in Japan are (willing) (to) accept foreign students.

19 アランは鉄道の歴史に詳しい。

Alan is (familiar) (with) the history of railroads.

前置詞を含む熟語

1 当選番号は無作為に選ばれます。

The winning numbers will be selected (at) (random).

2 味の点ではそのレストランが出す料理に満足した。

(In) (terms) (of) taste, we were satisfied with the food the restaurant served.

3 自分の上司のことを陰でこそこそ批判するのはよくない。

It is not nice of you to criticize your boss (behind) his (back).

4 ブラッドはその映画のチケットを無料で手に入れた。

Brad got the movie ticket (for) nothing.

5 その自動販売機は現在故障中だ。

The vending machine is (out) (of) (order) now.

6 音楽CDは日本ではいまだに需要がある。

Music CDs are still (in) (demand) in Japan.

※ on demand だと「要求に応じて」という意味。

7 私たちはチームに残るように彼を説得したが，むだだった。

We tried to persuade him to stay on our team, but (in) (vain).

8 2，3分，あなたと個人的にお話できますか。

Can I talk with you (in) (private) for a few minutes?

9 健康を犠牲にしてまで働くべきではありません。

You should not work (at) (the) (cost) of your health.

10 私の母は何か月も体の具合が悪い。

My mother has been (out) (of) (shape) for months.

※ be out of shape「体調が悪い」⇔ be in good shape「体調が良い」。

11 何か特にあなたが気づいたことはありますか。

Is there anything (in) (particular) that you noticed?

12 その契約を勝ち取ることができるかどうか，確実にはわからない。

We don't know (for) (sure) if we can win the contract.

13 トムと私は長いこと親しい友だちだ。

Tom and I have been good friends (for) ages.

●重要口語表現　( )に適する語を入れましょう。

あいさつ

1 お会いできてうれしいです。 ― 私もです。

It's a (pleasure) to meet you. ― Same here.

2 お話しできて楽しかったです。 ― 私もです。

It's been (nice) (talking) with you. ― You (too).

3 最近仕事のほうはどうですか？ ― まあまあです。

How is your business (going) these days? ― Not (bad).

4 駅まで車で迎えに来ていただいてありがとうございます。 ― どういたしまして。

Thank you for picking me up at the station. ― Don't (mention) (it).

勧誘・提案する

5 エマにプレゼンテーションを頼んではどうかしら？　― それはいい考えだね。

(How) (about) (asking) Emma to give a presentation?

― That's a (good) (idea).

6 今晩一緒に夕食を食べませんか。 ― ごめんなさい，別の約束があるんです。

Why (don't) (we) have dinner together tonight?

― I'm sorry, I have (another) appointment.

7 何か飲み物はいかがですか。― はい，紅茶をお願いします。

Would you (care) for something to drink?

― Yes, I'd (like) some tea.

8 今週末ドライブに行かない？　― 実はぼくも同じことを考えていたよ。

What do you (say) (to) going for a drive this weekend?

― (Actually), I was thinking the (same) (thing).

意見・感想を求める

9 イタリアでの休暇はどうでしたか。― 何もかもすばらしかったです。

(How) (was) your vacation in Italy?

― (Everything) was wonderful.

10 ポーラ，日本で英語を教えてどうですか？　― とても楽しいけど，難しくもあるわ。

(How) do you (like) (teaching) English in Japan, Paula?

― I'm (enjoying) it very much, but it's been challenging.

11 アラン，私のスピーチを聞いてくれてありがとう。どうだったかしら？
― 感銘を受けたよ。視覚に訴える工夫も効果的だった。
(Thanks) for listening to my speech, Alan. (What) did you think?
― I was (impressed). You used graphics effectively.

依頼する・許可を求める

12 ビル，お願いがあるのだけど。― いいよ，リズ。何だい？
Bill, can I (ask) you a (favor)? ― (Sure), Liz. What's up?

13 パパ，今日の午後，自転車を借りてもいいかしら。― かまわないよ，スージー。
Dad, do you (mind) (if) I use your bike this afternoon?
― No (problem), Susie.

14 ここでたばこを吸ってもかまいませんか。
― かまいませんよ。／吸わないでいただけるとうれしいです。
Would you (mind) (my[me]) smoking here?
― Certainly (not). / I'd rather you (didn't).

15 アレン先生，私の英語のライティングを見ていただきたいのですが。
― いいわよ。いつでも力になるわ。
Ms. Allen, I was (wondering) (if) you could check my English writing.
― Sure. I'm always (ready) (to) help you.

16 恵まれない子供たちを支援するために寄付をしていただければ幸いです。
― わかりました。考えさせてください。
I'd really (appreciate) it if you could donate some money to help poor children.
― I see. (Let) (me) think about it.

申し出る

17 コーヒーをもう1杯お入れしましょうか。
― はい，お願いします。／いいえ，結構です。
(Shall) (I) get you (another) cup of coffee? ― Yes, please. /
No, thank you.

18 何かほかにお入り用なものがありましたら，ご遠慮なくお申し付けください。
― ご親切にどうもありがとうございます。
Please (feel) (free) to ask me for anything else you need.
― That's very kind (of) you.

Part 1

短文または会話文の
穴うめ問題（大問1）

大問1は短文や1往復の会話文中の空所に適
する語句を選ぶ問題。語彙力と文法力が問わ
れる。

短文または会話文の穴うめ問題

設問形式と傾向

- 大問１は，２文程度の短文または１往復の会話文を読み，文中の（　）に適する語句を４つの選択肢から選んで英文を完成させる問題。全20問。単語（10問）→熟語（7〜8問）→文法（2〜3問）の出題順がほぼ定着している。
- 単語の知識を問う問題では，選択肢はすべて同じ品詞・語形でそろえられている。
- 動詞，名詞の出題頻度が高い。
- 熟語では句動詞が頻出。
- 文法問題では，高校までで学習する文法事項が幅広く出題される。

例　Kate was the only girl who dressed up for her friend Nancy's birthday party. Kate got more (　　) than she had expected, and she felt embarrassed.
1 sympathy　　**2** experience　　**3** attention　　**4** religion　　　　　正解　**3**

訳　ケイトは友達のナンシーの誕生パーティーで盛装していたただ１人の少女だった。彼女は予想以上に注目を浴びて，気恥ずかしく思った。
1「同情」　　**2**「経験」　　**3**「注目」　　**4**「宗教」

対策

- 前後関係と文法的な観点から**適語をすばやく判断する**ことが大切。
- 特に語彙力が重要となるので，日ごろから単語・熟語を覚える習慣が必要。
- 文法事項は高校３年間で学習する事項を中心に知識と理解を深める必要がある。問題集などを活用して苦手な分野を克服しよう。
- ある単語に接頭辞・接尾辞などがついて別の意味になる語がある（派生語）。**接頭辞・接尾辞の知識があると，単語は覚えやすくなる**。また，同意語・反意語を合わせて覚えるなど，効率的に語彙力をつけていこう。p.24以降の「覚えよう！」のコーナーを活用しよう。

ここがポイント！

❶ 空所に入る語の品詞を考える

　選択肢を見る前に，**空所に入る品詞を考えよう**。**例**では，空所の直前にmoreがあることから，空所には形容詞か副詞が入って比較級を用いた文にすることも考えられるが，

動詞がgotであることから，空所にはgotの目的語として名詞が入るとも考えられる。

❷ 空所から離れた部分に注意する

2文構成の場合，ヒントは空所から離れた部分にある。空所から離れた部分の意味をつかむことが重要。例では，2文目の後半 she felt embarrassed「彼女は気恥ずかしく思った」から，文の前半が気恥ずかしく思った原因を表すように **3** を選ぶ。

❸ 「原因－結果」のつながりに注意する

原因と結果を表す語句に注意して，空所以外の部分と空所に入る語句との関係をつかむことで空所に入る語句を判断することができる。例えば Jim (　　) to buy the nice cap, so he had to look for another cheaper one.「ジムはそのすてきな帽子を買う（　　），だから他のもっと安いものを探さなくてはならなかった」という問題で，選択肢が以下の場合。

1 was able　　**2** couldn't afford　　**3** was going　　**4** had something

so「だから」以下で，ジムは結局もっと安い帽子を探さなくてはならなかったことが述べられていることから，前半はそうしなければならなかった理由を表すと考え，buy とのつながりから，**2** couldn't afford (to *do*)「（～する）余裕がなかった」を入れる。**1**「～することができた」，**3**「～するつもりだった」，**4**「～するためのものがあった」。

❹ 逆接の表現に注意する

～, but ...「～だが，…」，however「しかし」などの逆接を表す語句の前後は対照的な内容になることから，空所に入る語を判断することができる。例えば This river used to be (　　). However, due to the efforts of the community, people can swim in the river without worry today.「この川は以前は（　　）。しかし，共同体の努力によって，今日では川で安心して泳ぐことができる」という問題で，選択肢が以下の場合。

1 protected　　**2** controlled　　**3** purified　　**4** polluted

2文目が However で始まっているので，前半は「今日では川で安心して泳ぐことができる」と対照的な内容になる。川で安心して泳げるのは水がきれいであることが考えられるので，その反対に以前は汚かったと考え，空所には **4** polluted「汚染されて」が入ると判断する。**1**「保護されて」，**2**「制御されて」，**3**「浄化されて」。

❺ 具体例に着目する

... such as ～「～のような…」，for example「例えば」などに続く具体例から，何の例であるかをつかむことで空所に入る語を判断することができる。例えば Mr. Robert is making efforts to be physically stronger by doing some (　　) such as jogging in the early morning.「ロバートさんは体力をつけるために，早朝にジョギングをするなど，（　　）をしている」という問題で，選択肢が以下の場合。

1 exercise　　**2** knowledge　　**3** attraction　　**4** learning

「ジョギング」は「運動」の具体例なので **1** と判断する。**2**「知識」，**3**「魅力」，**4**「学習」。

次の(1)から(4)までの（　　）に入れるのに最も適切なものを1，2，3，4の中から一つ選びなさい。

(1) Last month a powerful hurricane hit the coastal areas of the country. Damage is (　　) to be at least 20 million dollars.
　　1 stretched　　　**2** occupied　　　**3** dedicated　　　**4** estimated

(2) Last summer, Kana made a trip to Paris. It was not easy to manage expenses within a (　　), but she enjoyed her first trip overseas very much.
　　1 circuit　　　　**2** symbol　　　　**3** budget　　　　**4** nutrition

(3) Mr. Mori runs a small restaurant in the suburbs. It can seat just eight people at most, but he has no (　　) of making it bigger.
　　1 suspicion　　　**2** definition　　　**3** intention　　　**4** conclusion

(4) *A:* Honey, my favorite TV drama starts at 8 p.m. Can I change channels?
　　B: Oh, that'll (　　) with the program I want to watch. I'll record and watch it later then.
　　1 overcome　　　**2** overlap　　　**3** overturn　　　**4** overtake

---

> **覚えよう!**　**接頭辞①**

・「反対・否定」の意味を表す接頭辞
　un-　unhappy「不幸な」　unhealthy「健康によくない」
　im-, in-, il-, ir-　impossible「不可能な」　independent「頼らない，独立している」（⇔dependent「依存している」）　illegal「違法の」（⇔legal「合法的な」）　irregular「不規則な」（⇔regular「規則的な」）
　dis-　dishonest「不誠実な」　discover「発見する（←覆いをとる）」
　mis-　misunderstand「誤解する」　mistake「間違える」

[解答とポイント]
※Part 1では，選択肢が動詞の場合は訳を原形で示してあります。

(1) **正解** **4**

訳 先月，強力なハリケーンが沿岸部を襲った。被害は少なくとも2千万ドルと推定されている。

選択肢 **1** stretch「広がる」 **2** occupy「占める」 **3** dedicate「ささげる」 **4** estimate「推定する」

ポイント 1文目から，空所後のat least 20 million dollarsは，ハリケーンによる被害総額の推計と考えられる。

(2) **正解** **3**

訳 昨年の夏，カナはパリに旅行に行った。予算内で費用をやりくりするのは簡単ではなかったが，彼女は初めての海外旅行を非常に楽しんだ。

選択肢 **1** circuit「回路」 **2** symbol「象徴」 **3** budget「予算」 **4** nutrition「栄養」

ポイント 空所前のmanage expenses「出費をやりくりする」とwithin「～以内で」とのつながりから判断する。

(3) **正解** **3**

訳 モリさんは郊外で小さなレストランを経営している。店内には最大でも8人しか座れないが，彼は店を拡張するつもりはない。

選択肢 **1** suspicion「疑い」 **2** definition「定義」 **3** intention「意図，腹積もり」 **4** conclusion「結論」

ポイント 空所の前のbutに注目。8人までしか座れない店だが，店を大きくする意思がないという内容にすると文意が成り立つ。

(4) **正解** **2**

訳 A：あなた，私の好きなテレビドラマが8時から始まるの。チャンネルを変えてもいいかしら。 B：ああ，それだとぼくの見たい番組と重なっちゃうな。ぼくはそれを録画して後で見ることにするよ。

選択肢 **1** overcome「克服する」 **2** overlap「重なる」 **3** overturn「覆す」 **4** overtake「追い越す」

ポイント Bが最後に「それ（＝自分が見たい番組）を録画して後で見るよ」と言っていることから，2人が見たい番組が同じ時間帯に放送されることがわかる。

次の(1)から(4)までの（　）に入れるのに最も適切なものを1，2，3，4の中から一つ選びなさい。

(1) A long time ago, dinosaurs were everywhere on land and in the oceans. In fact, they (　) the earth for more than 160 million years.

1 dominated　　**2** established　　**3** observed　　**4** monitored

(2) The night tour to the palace is so popular that all visitors need to make reservations beforehand. The number of participants is limited to a (　) of 20 people per tour.

1 maximum　　**2** proposal　　**3** harvest　　**4** possession

(3) A method of making paper was introduced to Japan in the early seventh century. Then, ancient Japanese people (　) it to create thinner and stronger paper.

1 delivered　　**2** negotiated　　**3** navigated　　**4** modified

(4) *A:* Mark, what did you think of the symposium on life information science yesterday?

　　B: Honestly speaking, the content was too difficult for me. It was far beyond my limited (　).

1 knowledge　　**2** comfort　　**3** custom　　**4** funeral

覚えよう！ ▶ 接頭辞②

・「外へ」の意味を表す接頭辞
　ex- export「輸出する，輸出（品）」　expose「〜にさらす（←外に置く）」
　out- outcome「結果（←外に出てくるもの）」　output「生産（高），産出（量），出力」
・「余分に，」の意味を表す接頭辞
　over-「過度の，超えて」　overdo「やり過ぎる」　overtime「超過勤務（の）」
　extra-「範囲を超えた，超〜」　extraordinary「桁外れの（←普通の範囲を超えた）」

［ 解答とポイント ］

(1) **正解** 1

訳 大昔，恐竜は陸と海のどこにでもいた。実際，彼らは1億6千万年以上の間，地球を支配していたのだ。

選択肢 1 dominate「支配する」 2 establish「設立する」 3 observe「観察する，遵守する」 4 monitor「監視する」

ポイント 第1文で，大昔には地球上のいたる所に恐竜がいたことが述べられている。この状況に合う文意になる動詞を選ぶ。

(2) **正解** 1

訳 宮殿までのナイトツアーはとても人気があるので，訪れる人はみな事前に予約が必要だ。参加人数は各ツアー最大20人に制限されている。

選択肢 1 maximum「最大限，最大値」 2 proposal「提案」 3 harvest「収穫」 4 possession「所有（物）」

ポイント 空所を含む文の前半のThe number of participants is limited to ～「参加人数は～までに限られている」から，空所にはツアーに参加できる「最大人数」を表す名詞が入ると考えられる。

(3) **正解** 4

訳 7世紀初頭に日本に紙の製法が伝わった。その後，古代日本人はそれを改良し，より薄くて丈夫な紙を作り出した。

選択肢 1 deliver「配達する」 2 negotiate「交渉する」 3 navigate「操縦する」 4 modify「（改良目的で）修正する，変更する」

ポイント 紙をどうすると，to create thinner and stronger paper「より薄くて丈夫な紙を作り出す」ことにつながるかを考える。

(4) **正解** 1

訳 A：マーク，昨日の生命情報科学に関するシンポジウムはどうだった？ B：正直言ってぼくには難しすぎる内容だった。ぼくの限られた知識をはるかに超えていたよ。

選択肢 1 knowledge「知識」 2 comfort「快適さ」 3 custom「習慣」 4 funeral「葬儀」

ポイント Bの発言の第1文のtoo difficult for meが手がかり。far beyond「はるかに～を超えた」。

次の(1)から(4)までの（　）に入れるのに最も適切なものを1, 2, 3, 4の中から一つ選びなさい。

(1) There is growing (　) between the two supermarkets near the station. They are both having big sales every week to attract more customers.

1 competition **2** discrimination
3 transportation **4** revolution

(2) Vince was running short of cash due to unexpected expenses during the previous week. On his way to work, he stopped at the ATM and (　) some money.

1 pretended **2** exaggerated **3** summarized **4** withdrew

(3) *A:* Emma, our boss wants to have a project meeting after lunch. Can you come?

B: OK, but he should have (　) us beforehand, don't you think? We're on a tight schedule.

1 disturbed **2** overlooked **3** informed **4** accused

(4) Dr. Bradson devoted his life to bringing medicine to poor families in Africa. Now, there is a project going on to build a statue to honor his (　).

1 territories **2** boundaries **3** instruments **4** achievements

---

覚えよう! **接尾辞①**

・名詞を作る接尾辞

-ment establishment「設立」(＜ establish「設立する」) advertisement「宣伝, 広告」(＜ advertise「宣伝をする」)

-ship「状態, 関係, 身分など」 friendship「友情」 membership「会員（資格）」

-hood「状態, 身分」 childhood「子供時代」 neighborhood「近所, 近所の人々」

-ics「〜学, 〜論」 linguistics「言語学」 politics「政治学」 ethics「倫理学」

［ 解答とポイント ］

(1) **正解** **1**

訳 駅の近くにある2つのスーパーマーケットの間では競争が激化している。どちらの店も毎週大規模なセールを行い，より多くの客を集めようとしている。

選択肢 **1** competition「競争」 **2** discrimination「差別」 **3** transportation「輸送」 **4** revolution「革命」

ポイント 2つのスーパーマーケットが客を増やそうと毎週大規模なセールを行っているという第2文の内容から，growing「大きくなっている」に続く適切な名詞を考える。

(2) **正解** **4**

訳 ヴィンスは先週予定外の出費があり，現金が足りなくなってきた。彼は出勤途中にATMに立ち寄り，お金を引き出した。

選択肢 **1** pretend「～のふりをする」 **2** exaggerate「誇張する」 **3** summarize「要約する」 **4** withdraw「（お金を）引き出す」

ポイント 1文目のwas running short of cash「現金が足りなくなってきた」が手がかり。お金が足りなくなってきている状況でATMですることを考える。

(3) **正解** **3**

訳 A：エマ，上司が昼食のあとに企画会議をしたいんだって。出席できる？ B：いいわ，でもボスは事前に私たちに知らせてくれるべきだったんじゃない？ 私たちは予定が詰まっているのだから。

選択肢 **1** disturb「混乱させる」 **2** overlook「見落とす」 **3** inform「知らせる」 **4** accuse「非難する」

ポイント B（＝Emma）が突然予告なしに会議の予定が入ったことに文句を言っていることから考える。

(4) **正解** **4**

訳 ブラッドソン医師はアフリカの貧しい家庭に薬を届けることに生涯を捧げた。今，彼の功績をたたえる像を建てる計画が進行中である。

選択肢 **1** territory「領土」 **2** boundary「境界」 **3** instrument「道具」 **4** achievement「業績」

ポイント 空所の直前のhisはDr. Bradsonを指す。honor「～をたたえる」の目的語として適切な名詞を考える。

次の(1)から(4)までの（　）に入れるのに最も適切なものを1，2，3，4の中から一つ選びなさい。

(1) Jessica has lived in Madrid for two years. Her Spanish ability has (　　) improved, and now she can manage to communicate with local people without major difficulties.
　1　sincerely　　**2**　gradually　　**3**　previously　　**4**　hesitantly

(2) The pianist is said to have an (　　) memory. He can play hundreds of pieces of music without looking at scores.
　1　incredible　　**2**　independent　　**3**　informal　　**4**　incapable

(3) A mosquito bite is a common problem during the summer. However, it can turn into something much more (　　) to our health when the mosquito carries a deadly virus such as the West Nile virus.
　1　apparent　　**2**　harmful　　**3**　precious　　**4**　glorious

(4) **A:** Ms. Harris has worked as secretary to the president for a long time, right?
　B: For more than 10 years. He seems to have (　　) trust in her.
　1　effective　　**2**　absolute　　**3**　curious　　**4**　precise

覚えよう！　**接尾辞②**

・動詞を作る接尾辞
　-ize / ((英)) -se　modernize「近代化する」（＜modern「近代的な」）
　　sympathize「同情する」（＜sympathy「同情」）　apologize「謝罪する」（＜apology「謝罪」）
・形容詞を作る接尾辞
　-able「～可能な」　noticeable「目立つ，注目に値する」（＜notice「気づく」）
　-ful「～に満ちた，～の性質を持つ」　peaceful「平和な」（＜peace「平和」）
　　harmful「有害な」（＜harm「害」）　faithful「信頼できる」（＜faith「信頼」）

［ 解答とポイント ］

(1) **正解** 2

訳 ジェシカはマドリードに2年間住んでいる。彼女のスペイン語の能力は徐々に向上し，今では現地の人たちと大きな問題なくコミュニケーションを交わすことができる。

選択肢 **1** sincerely「誠実に」 **2** gradually「徐々に」 **3** previously「前に」 **4** hesitantly「遠慮がちに」

ポイント ジェシカがマドリードに2年間住んでいることを踏まえ，improve「向上する」を修飾する副詞として適切なものを選ぶ。

(2) **正解** 1

訳 そのピアニストは驚くべき記憶力を持っていると言われている。彼は楽譜を見ずに何百もの曲を弾くことができる。

選択肢 **1** incredible「信じられない，驚くべき」 **2** independent「独立した」 **3** informal「非公式の」 **4** incapable「能力がない」

ポイント 第2文で述べているピアニストの記憶力の良さを1語で表す形容詞を選ぶ。

(3) **正解** 2

訳 夏の間，蚊に刺されることはよくあることである。しかし，その蚊がウエストナイルウイルスのような致死性のウイルスを持っていた場合，それは私たちの健康にとってはるかに有害なものに変わる可能性がある。

選択肢 **1** apparent「明白な」 **2** harmful「有害な」 **3** precious「貴重な」 **4** glorious「輝かしい」

ポイント 第2文のwhen節の内容から，健康にとって良くないことを表す形容詞を選ぶ。

(4) **正解** 2

訳 Ａ：ハリスさんは長年社長の秘書として働いているのよね。 Ｂ：10年以上だよね。彼は彼女に絶対的な信頼を寄せているようだね。

選択肢 **1** effective「効果的な」 **2** absolute「絶対的な」 **3** curious「好奇心の強い」 **4** precise「正確な」

ポイント ハリスさんが10年以上社長の秘書を務めているという事実から，空所には「信頼の強さ」を表す形容詞が入る。

接頭辞や接尾辞から単語の意味を推測するのも語彙力アップにつながりますよ！

次の(1)から(4)までの（　）に入れるのに最も適切なものを1，2，3，4の中から一つ選びなさい。

(1) Susan was surprised when she saw Brian at the class reunion. He looked
（　　）the same as he did in high school.

1 generally 　　**2** frequently 　　**3** immediately 　　**4** exactly

(2) In the past, art experts often had to depend on their eyes and long-time
experience to tell whether a painting was （　　）or not. These days, they
can judge it more easily and precisely with the help of high technology.

1 vital 　　**2** commercial 　　**3** distant 　　**4** genuine

(3) Michael studied Japanese culture for more than ten years in Japan, and
（　　）became a professor at a college in his country.

1 obviously 　　**2** eventually 　　**3** commonly 　　**4** reluctantly

(4) *A:* Excuse me. I'd like to go to the Kenneth Museum, but it seems I've
gotten lost.

B: Oh, you're walking in the (　　) direction. Go back to the crossing over
there and walk straight down for another block. You'll find it on your
left.

1 logical 　　**2** advanced 　　**3** major 　　**4** opposite

覚えよう！ **同意語・類義語①**

・stand / bear「（通例canとともに否定文・疑問文で）我慢する」 endure「（長
期間の苦痛・困難に）耐える」 tolerate「（人の行動を）我慢して受け入れる，
許容する」 put up with ～「～を我慢する」
・discuss「話し合う，議論する」 debate「討論する，議論する」 argue「（根
拠をもとに）主張する，言い争う，口論する」 dispute「（感情的になって）
議論する」 quarrel「口論する」

[解答とポイント]

(1) 正解 **4**

訳　同窓会でブライアンと会ったとき，スーザンは驚いた。彼は高校時代と全く同じに見えた。

選択肢　**1** generally「一般に」　**2** frequently「頻繁に」　**3** immediately「直ちに」　**4** exactly「全く」

ポイント　スーザンがブライアンに会って驚いた理由となるように，ブライアンが高校時代と変わっていなかったことを強調する副詞を選ぶ。

(2) 正解 **4**

訳　かつて美術専門家は，ある絵画が本物かどうかを判定する際，しばしば自分の目と長年の経験に頼らなければならなかった。最近では，彼らは先端技術の助けにより，より簡単に，そしてより正確にそれを判断できる。

選択肢　**1** vital「生命の，必須の」　**2** commercial「商業上の」　**3** distant「遠く離れた」　**4** genuine「本物の，純粋な」

ポイント　「絵画が〜かどうかを判定する」という文脈から考える。第2文のcan judge it more easily and precisely「より簡単に，そしてより正確にそれを判断できる」のit がwhether a painting was (　　) or not「絵画が〜かどうか」を指す。

(3) 正解 **2**

訳　マイケルは日本で10年を超えて日本文化を研究し，ついに自国の大学の教授になった。

選択肢　**1** obviously「明らかに」　**2** eventually「ついに」　**3** commonly「一般的に」　**4** reluctantly「しぶしぶ」

ポイント　長年研究した結果，教授になったというつながりに合う語を入れると，自然な文意になる。

(4) 正解 **4**

訳　Ａ：すみません。ケネス美術館に行きたいのですが，どうやら道に迷ってしまったようなのです。　Ｂ：ああ，あなたは反対方向に向かって歩いていますよ。あそこの交差点まで戻って，もう1ブロックまっすぐ歩いてください。美術館は左手に見えます。

選択肢　**1** logical「論理的な」　**2** advanced「高度な」　**3** major「主要な」　**4** opposite「反対の」

ポイント　Ｂの道案内の内容から，Ａは手前の交差点で美術館とは逆の方向に曲がってしまったとわかる。

次の(1)から(4)までの（　）に入れるのに最も適切なものを1，2，3，4の中から一つ選びなさい。

(1) *A:* What do you think about our flexible working hours?

　　B: It (　　) sense to allow each worker to decide their own start and end times.　They should have introduced it sooner, though.

　1　puts　　　　　　**2**　makes　　　　　**3**　gives　　　　　**4**　holds

(2) *A:* Frank, do you know where Ellen is from?

　　B: Of course.　She was born in Sweden, but she was (　　) in Massachusetts.

　1　brought up　　**2**　taken out　　　**3**　carried out　　**4**　made up

(3) Judy usually eats hamburgers for lunch, but lately she's been getting (　　) of fast food.　Now, she thinks she should eat something healthier instead.

　1　easy　　　　　　**2**　lazy　　　　　　**3**　hard　　　　　　**4**　sick

(4) *A:* Jill, our project is behind schedule.　Why don't we try asking our boss to extend the deadline for several days?

　　B: No, Jack.　We should (　　) our original schedule a bit longer.　It's too early to give up.

　1　go through　　**2**　come across　　**3**　stick to　　　　**4**　look into

---

覚えよう！　**同意語・類義語②**

・raise「（人を）育てる」　bring up「（人を）育てる」　grow「（植物・農作物などを）育てる，栽培する」

・postpone「～を延期する，先送りにする」　put off「～を延期する」
delay「～を遅らせる，先延ばしにする」

・environment「環境」　circumstance「周囲の状況，事情，（経済的な）境遇」
situation「状況，事態，情勢」

［ 解答とポイント ］

(1)　正解　2
訳　A：うちの会社のフレックスタイム制についてどう思う？　B：仕事の開始と終了の時間を各社員が自分で決められるようにしたのは理にかなっているね。ただ，もっと早く導入すべきだったな。
ポイント　It makes sense to *do* で「〜するのは理にかなっている」という意味の熟語。

(2)　正解　1
訳　A：フランク，エレンがどこの出身か知ってる？　B：もちろんさ。彼女はスウェーデンで生まれたけれども，マサチューセッツで育ったんだ。
選択肢　**1**　bring up「育てる」　**2**　take out「外に持ち出す」　**3**　carry out「実行する」　**4**　make up「作り上げる，作り出す」
ポイント　B（= Frank）がエレンが生まれた場所を述べた後，but でつないでいることに着目する。

(3)　正解　4
訳　ジュディはいつも昼食にハンバーガーを食べているが，彼女は最近ファストフードに飽きてきている。今，彼女は代わりにもっと健康的なものを食べたほうがいいと考えている。
ポイント　get sick of 〜で「〜に飽きる，うんざりする」という意味の熟語。

(4)　正解　3
訳　A：ジル，ぼくたちのプロジェクトは予定より遅れているね。あと数日締め切りを延ばしてくれるよう上司にお願いしてみたらどうかな？　B：だめよ，ジャック。当初の予定を守るようにもう少しがんばってみましょうよ。あきらめるにはまだ早いわ。
選択肢　**1**　go through 〜「〜を経験する」　**2**　come across 〜「〜に出くわす」　**3**　stick to 〜「（予定など）を守る，〜に固執する」　**4**　look into 〜「〜を詳しく調べる」
ポイント　B（= Jill）は，締め切りを延ばしてもらおうというA（= Jack）の提案に反対していることから，original schedule「当初の予定」を守ろうとしていると考えられる。

同意語は微妙に意味合いが違う場合もあります。使い分けにも注意しましょう。例えば，receive は単に「受け取る」という行為を，accept は贈り物などを喜んで「受け取る」という意味合いで使います。

次の(1)から(4)までの（　）に入れるのに最も適切なものを1，2，3，4の中から一つ選びなさい。

(1) Professor Bush is now looking for students to participate in his experiment as volunteer workers. At present, ten students are (　) become participants.

1 surprised **2** obliged to **3** ashamed to **4** willing to

(2) *A:* How's your new job at the computing company?
B: I'm satisfied with it (　) of salary, but commuting in a crowded train is a bit stressful.

1 in terms **2** on top **3** by means **4** in spite

(3) The violent storm last night damaged the Millers Bridge. Now, repair work is (　).

1 in anger **2** on demand **3** under way **4** out of shape

(4) *A:* Karen, how was the latest movie starring Michael Swinton?
B: It's (　) the most exciting movie that I have ever watched. I'm sure you'll enjoy it too.

1 on average **2** by far **3** at large **4** in turn

覚えよう！　**反意語①**

反対の意味を持つ単語や熟語は，ワンセットで覚えるほうが記憶に残りやすい。
demand「需要」⇔ supply「供給」　positive「肯定的な」⇔ negative「否定的な」
increase「増加する，増加」⇔ decrease「減少する，減少」
be superior to ～「～よりも優れている」⇔ be inferior to ～「～よりも劣っている」
be willing to ～「すすんで～する」⇔ be reluctant to ～「いやいや～する」
be satisfied with ～「～に満足している」⇔ be dissatisfied with ～「～に不満だ」

［ 解答とポイント ］

(1) 　**正解**　4

　訳　　ブッシュ教授は現在，自分の実験にボランティアとして参加してくれる学生を募集している。今のところ，10人の学生が喜んで参加者になりたがっている。

　選択肢　**1**　be surprised to *do*「～して驚いている」　**2**　be obliged to *do*「～する義務がある」　**3**　be ashamed to *do*「～するのが恥ずかしい」　**4**　be willing to *do*「喜んで～する」

　ポイント　学生のbecome participants（参加者になる）ことに対する姿勢として自然なものを選ぶ。

(2) 　**正解**　1

　訳　　A：コンピューター会社での新しい仕事はどう？　B：給料の面では満足しているけど，満員電車で通勤するのは少しストレスになるね。

　選択肢　**1**　in terms of ～「～の面では」　**2**　on top of ～「～に加えて」　**3**　by means of ～「（手段として）～を用いて」　**4**　in spite of ～「～にもかかわらず」

　ポイント　Bの発言前半では，新しい仕事のどのような点に満足しているかを述べていると考えられる。

(3) 　**正解**　3

　訳　　昨夜の激しい嵐のためにミラーズ・ブリッジが被害を受けた。現在，修理作業が進行中である。

　選択肢　**1**　in anger「怒って」　**2**　on demand「要求があり次第」　**3**　under way「（作業が）進行中で」　**4**　out of shape「不調で」

　ポイント　嵐で橋が損傷したことから，repair work（修理）がどのような状態であるかを考える。

(4) 　**正解**　2

　訳　　A：カレン，マイケル・スウィントン主演の最新作はどうだった？　B：今まで観た映画の中では断然おもしろかったわ。きっとあなたも楽しめると思うわ。

　選択肢　**1**　on average「平均して」　**2**　by far「断然」　**3**　at large「野放しで」　**4**　in turn「順番に」

　ポイント　空所には形容詞の最上級（the most exciting）を強調する表現が入る。

次の(1)から(4)までの（　　）に入れるのに最も適切なものを1，2，3，4の中から一つ選びなさい。

(1) Last Sunday, Greg got injured in a car accident. Later he found (　　) surprising that he had survived the accident.
1 what　　　**2** it　　　**3** this　　　**4** that

(2) After Sally called her son's smartphone several times, he finally answered the phone. Greatly (　　), she began cooking dinner.
1 relieved　　　　　　**2** having relieved
3 relieving　　　　　　**4** been relieved

(3) Fred tried hard to hold back his tears while watching a movie at the theater. The (　　) thing he wanted to do was cry in front of his girlfriend.
1 least　　　**2** best　　　**3** most　　　**4** last

(4) *A:* Paula, it's already eleven thirty. You should go to bed.
B: I know, Dad, but this book is so interesting that I can't put it down (　　) I start reading it.
1 since　　　**2** once　　　**3** although　　　**4** until

覚えよう! ▶ **反意語②**

maximum「最大限，最大値」⇔minimum「最小限，最小値」
theory「理論」⇔practice「実践」
destroy「〜を破壊する」⇔construct「〜を建設する」
destruction「破壊」⇔construction「建設」
look up to 〜「〜を尊敬する(≒respect)」⇔look down on 〜「〜を軽蔑する(≒despise)」
in the short run[term]「短期的には」⇔in the long run[term]「長期的には」
in public「人前で，公然と」⇔in private「内々に」

[解答とポイント]

(1) 　**正解**　2

　訳　先週の日曜日，グレッグは交通事故でけがをした。後になって，彼は，自分がその事故で命が助かったことは驚くべきことだとわかった。

　ポイント　〈find＋O（形式目的語it）＋形容詞＋that節〉「…は〜だとわかる」。itはthat節の内容を受ける。

(2) 　**正解**　1

　訳　サリーが息子のスマートフォンに何度も電話をかけたあと，彼はようやく電話に出た。本当にほっとして，彼女は夕食のしたくを始めた。

　ポイント　過去分詞relievedを選んで，受け身を表す分詞構文にすると，2つの文のつながりが自然になる。

(3) 　**正解**　4

　訳　フレッドは劇場で映画を見ながら必死に涙をこらえた。彼は恋人の前で泣くことだけは絶対にしたくなかった。

　ポイント　フレッドが映画を見ていて泣かないようにしていたという第1文の内容から，第2文の内容を考える。この場合のlastは「最も〜でない」の意味で，the last thing he wanted to do was cryで「彼が最もしたくなかったことは泣くことだった」つまり，「泣くことだけは絶対にしたくなかった」という文意になる。

(4) 　**正解**　2

　訳　A：ポーラ，もう11時半だよ。もう寝なさい。　B：わかってるわよ，パパ。でも，この本はとてもおもしろくて，いったん読み始めたらやめられないのよ。

　選択肢　**1**　since「〜して以来」　**2**　once「いったん〜すると」　**3**　although「〜だけれども」　**4**　until「〜するまで」

　ポイント　空所前のcan't put it（＝the book）downから，読み始めた本がおもしろくて途中でやめられない，という状況だとわかる。

反意語は意味を逆に覚えないよう注意しましょう。superior「優れている」，inferior「劣っている」など，接頭辞に着目すると覚えやすいものもありますよ。super-は「上の」，infer-は「下の」という意味の接頭辞です。

次の(1)から(4)までの（　　）に入れるのに最も適切なものを1, 2, 3, 4の中から一つ選びなさい。

(1) (　　) candidate wins the next presidential election will be expected to demonstrate strong leadership in rebuilding the national economy.

  1 Whichever   **2** Whatever   **3** However   **4** Whoever

(2) Lisa had a terrible day. Not only (　　) her usual train in the morning, but she forgot her appointment to meet one of her clients in the afternoon.

  1 should she miss   **2** did she miss

  3 does she miss   **4** has she forgotten

(3) It was not easy for Jane's grandfather to get accustomed to a smartphone. If she (　　) him step-by-step, he would still be at a loss as to how to use it.

  1 wouldn't teach   **2** hadn't taught

  3 hasn't taught   **4** don't teach

(4) *A:* I just heard you moved into an apartment in the suburbs. Is that true?

  B: Yes. It's twice as large (　　) my last one.

  1 than   **2** more   **3** as   **4** so

> **覚えよう！** ▶ **固有名詞**
>
> 固有名詞のうち，特に国名，州名，都市名，組織・機関名は，基本的なものを中心に幅広く覚えておこう。
> - the United States of America（略称the U.S.A.）/the United States（略称 the U.S.）「アメリカ合衆国」　the United Kingdom「英国」（略称the U.K.） Germany「ドイツ」　Myanmar「ミャンマー」　Argentina「アルゼンチン」 Turkiye[Turkey]「トルコ」
> - Washington, D.C.「ワシントン（アメリカの首都）」　Beijing「北京（中国の首都）」 Manila「マニラ（フィリピンの首都）」　Berlin「ベルリン（ドイツの首都）」 Canberra「キャンベラ（オーストラリアの首都）」　New Delhi「ニューデリー （インドの首都）」
> - the United Nations「国際連合」（略称the U.N.）　the Massachusetts Institute of Technology（マサチューセッツ工科大学：略称the MIT）

[解答とポイント]

(1) **正解** 1

訳 次の大統領選挙でどの候補が勝利を収めるにしても，国の経済を再建するために強力なリーダーシップを発揮することが求められるだろう。

選択肢 **1** whichever「〜するどちらの［どの］…も」 **2** whatever「〜するものは何でも」 **3** however「どんなに〜しようとも」 **4** whoever「〜する者はだれでも」

ポイント 空所のあとに名詞のcandidate「候補者」が続いていることに注意する。

(2) **正解** 2

訳 リサにとってはひどい1日だった。彼女は，朝いつもの電車に乗り遅れただけでなく，午後に顧客の1人と会う約束を忘れてしまった。

ポイント 〈not only *A* but (also) *B*〉「AだけでなくBも」。動詞と動詞を対比する文で，強調のためにNot onlyが文頭に来た場合は倒置が起こり，〈Not only do[does, did]＋S＋V（動詞の原形）..., but S＋V〉などの形になる。

(3) **正解** 2

訳 ジェーンの祖父がスマートフォンに慣れるのは簡単なことではなかった。彼女が彼に順を追って教えてあげなかったら，彼は今でもその使い方がわからず途方に暮れていることだろう。

ポイント if節が過去の事実とは反対の仮定を表すように，〈had＋過去分詞〉にする。主節（帰結節）は現在の状態を表すので，〈would＋動詞の原形〉。

(4) **正解** 3

訳 A：郊外のアパートに引っ越したって聞いたけど，本当？　B：うん。今度のアパートは以前住んでいたアパートの2倍の広さがあるんだ。

ポイント 〈twice as＋形容詞の原級＋as 〜〉「〜の2倍の…」。

歴史上の人物の名前や大きな出来事の名前なども積極的に覚えましょう。英文の読解にもリスニングにも役立ちますし，さまざまな知識も身につきますよ！

品詞の働き

　品詞とは，文中における意味や働きなどから単語を分類したもので，通常，名詞，代名詞，動詞，助動詞，形容詞，副詞，前置詞，接続詞，冠詞，間投詞の10種類に分けられます。1つの単語が2つ以上の品詞の働きをする場合も数多くあり，品詞を見分けることは，英文の構造を把握するために大いに役立ちます。

名詞　「人」，「物」，「事」の名前を表す語で，文の中で「主語」，「補語」，「目的語」になります。

　This shop is getting popular.　「この店は人気が出ています」　　shopは主語。
　We call the dog Kuro.　「私たちはその犬をクロと呼びます」
　　　dogは目的語，Kuroは補語（SVOCの文）。

名詞には，数えられる名詞（可算名詞）と数えられない名詞（不可算名詞）があります。可算名詞には単数形と複数形の2つの形がありますが，不可算名詞は原則的には常に単数形で，不定冠詞（a，an）も付きません。物質名詞（液体，気体，材料など）の数量を表すときは，容器や単位を示す語（glass，cup，pieceなど）を使います。

　There are many children in the park.　「公園にはたくさんの子供たちがいます」
　　　childrenは可算名詞childの複数形。
　I need ten pieces of paper.　「私は紙が10枚必要です」
　　　paper「紙」は不可算名詞。（×）two papers

動詞　「動作」や「状態」を表す語で，be動詞と一般動詞があります。動詞が作る基本文型を確認しましょう。

〈S＋V〉　　　　　Nao lives in Osaka.　「ナオは大阪に住んでいます」
〈S＋V＋C〉　　　He is an engineer.　「彼はエンジニアです」
〈S＋V＋O〉　　　She loves sweets.　「彼女は甘いものが大好きです」
〈S＋V＋O＋O〉　He lent me this book.　「彼は私にこの本を貸してくれました」
〈S＋V＋O＋C〉　The song made him famous.　「その歌は彼を有名にしました」

その他の主な品詞

・形容詞…名詞を修飾する語。名詞の前やbe動詞のあとに置きます。
・副詞…動詞，形容詞，副詞，文全体を修飾する語。
・前置詞…名詞や代名詞の前に置き，時，場所，手段などを表す語。
・接続詞…語と語，句と句，節と節などをつなぐ語。

では，Let me know immediately when Mike comes back.「マイクが戻ったら，すぐに私に教えてください」という文を品詞ごとに分類してみましょう。

Let	me	know	immediately	when	Mike	comes	back.
動詞	代名詞	動詞	副詞	接続詞	名詞	動詞	副詞

Part 2

長文の穴うめ問題
（大問２）

大問２は説明文中の空所に適する語句を選ぶ
問題。文章の論理的な流れを正しくつかむ力
が問われる。

長文の穴うめ問題

設問形式と傾向

- 大問2は長文の中の（　）に入る語句を4つの選択肢から選び，文章を完成させる問題。
- 大問2には [A]，[B] の2問があり，いずれも説明文（300〜350語程度，3段落構成）。空所はそれぞれ3か所ずつ。
- 内容は科学，文化，社会，歴史などさまざまである。

例

Plastic in the Ocean

　In recent years, marine pollution caused by plastics has become a major problem. Many sea turtles and other marine creatures mistake a plastic bag for food, and (　　). Moreover, once in the ocean, the plastic is broken into smaller pieces mainly by the force of waves, making it easier for plastic to enter the bodies of marine living things. Naturally, humans who eat these creatures are also affected.

1　stay healthy 　　　　　　　**2**　die after eating it

3　swim forward to the land 　　**4**　cannot eat anything else

正解　**2**

訳

　　　　　　　　　　海の中のプラスチック

　近年，プラスチックによる海洋汚染が大きな問題となっている。多くのウミガメや他の海洋生物がビニール袋を餌と間違え，それを食べたあとで死んでしまう。さらに，海に出たプラスチックは主に波の力によって細かく砕かれ，海洋生物の体内に入り込みやすくなる。当然，これらの生物を食べる人間も影響を受ける。

1　健康を保っている 　　　**2**　それを食べたあとで死んでしまう

3　陸に向かって泳ぐ 　　　**4**　他のものが食べられない

対策

- 空所の前後だけを読むのではなく，**タイトルから文章のテーマをつかみ，必ず文章全体を読む。**
- 文章のテーマをつかみ，**指示語や談話標識に注意しながら，論理の展開をつかむ。**
- **熟語や定型表現の知識を増やす。**

ここがポイント！

❶ 指示語が指す人・ものをつかむ

直接空所部分と関係がなくても，文章を最初から読み進めながら指示語が指す人・ものをそのつど正しく読み取らないと，途中で話の内容を正しくつかめなくなる。例の第3文 making it easier for plastic to enter the bodies of marine living things の it は形式的な目的語で，to enter the bodies of marine living things を指している。プラスチックが細かくなればそれだけ生物の体内に入りやすくなり，有害なプラスチックを体内に蓄えた生物を食べて人間が悪影響を受ける，という流れを理解しやすくなる。

❷ つながりを示す語句（談話標識）に注意する

特に説明文では，前文が「原因」，その後に続く文が「結果」といった文と文の論理的な関係を明確にするために，しばしば談話標識（discourse marker）が使われる。談話標識は，その後に続く文が，直前の文で述べたこととどう関係するのかを表す。また，談話標識が段落の最初に置かれた場合は，前の段落との橋渡しの役割を果たす。例えば Light is important for all life, but we can find some serious problems with artificial lighting. For example, if lights are left on when they are not needed, light can have (　　　).「光はすべての生命にとって重要なものだが，人工的な照明には深刻な問題が見受けられる。例えば，不要なときに電気をつけっぱなしにしておくと，光が（　　　）ことがある。」という問題について考えよう。

for example「例えば」は，直前で述べたことの具体例を導く働きをするので，第2文では第1文で述べた「人工的な照明には深刻な問題が見受けられる」ことの具体例が示されることがわかる。「深刻な問題」であること，また，第2文の前半「不要なときに電気をつけっぱなしにしておくと」という好ましくないと思われる条件から，空所には have negative effects「悪影響を及ぼす」などの語句が入る。

こうした談話標識に注目しながら英文を読んでいけば，文章の論理的な展開を把握しやすくなる。p.58 にまとめた談話標識を覚えよう。

❸ 言い換え表現・同意表現に注意する

英語では，同じ語句をそのまま繰り返すことを避け，別の表現で言い換えるのがふつうで，このような言い換え表現や同意表現は，正解を絞り込むための手がかりとなる。

例の第2文にある creatures は「生き物」という意味だが，仮にこの単語を知らなくても，文脈から次の第3文にある living things「生きているもの（＝生き物）」がほぼ同じ意味を表していることをつかめれば，より正確に文章の内容を理解できる。こうした言い換えや同意表現は，長文問題に限らずリスニングなどでも，特に選択肢の中で使われることが多いので，正解を見つけるうえでの1つのポイントとして覚えておこう。

次の英文を読み，その文意にそって（　　）に入れるのに最も適切なものを1，2，3，4 の中から一つ選びなさい。

Protecting Rhinos

Rhinos are mammals that live very long. At its height in prehistoric times, more than 100 different species of rhino lived on Earth, spreading across Africa, Eurasia, and North and South America. Several million years ago, as the global climate cooled down, most of the ancient rhino species died out. However, some of them survived and (*1*) prehistoric cave artists. For example, one of the paintings discovered in the Chauvet Cave, southeastern France, shows two rhinos confronting each other.

Today, only five species of rhino survive in Africa and Asia, all of which are under threat of extinction. In spite of their aggressive looks, rhinos are generally considered to have a very gentle nature. This often makes rhinos easy targets for poachers who are after their horns for money. Since ancient times, powdered rhino horn has been wrongly believed as a cure-all in some Asian countries. At present, trade in rhino horn is banned under CITES, a global agreement among governments to regulate or ban international trade in species under threat. (*2*), there is still a great black-market demand for rhino horns.

These days, some African countries, such as Zimbabwe and Zambia, are trying to protect rhinos from poachers by implanting a GPS tracker into their horns. Once the GPS tracker is fitted, it automatically sends the data about where the rhinos are, which enables park rangers on regular patrol to pinpoint their locations. The GPS tracker uses only a little power, so the small battery inside can continue to work for three years. The park rangers hope that the high-tech device will help them (*3*).

(1) **1** opened a way to
　　　3 became perfect subjects for

　　　2 provided sufficient food for
　　　4 posed a threat to

(2) **1** Nevertheless
　　　3 For example

　　　2 Above all
　　　4 Similarly

(3) **1** develop better tools
　　　3 protect against predators

　　　2 fight against rhino poachers
　　　4 succeed in their future careers

[解答とポイント]

(1) **正解** 3

選択肢の訳 **1** 〜への道を切り開いた **2** 〜に十分な食料を提供した **3** 〜にとって格好の題材となった **4** 〜に脅威を与えた

ポイント 空所直前のsome of them（≒the ancient rhino species）survivedと，空所後のprehistoric cave artists「先史時代の洞窟画家」との関連を考える。サイを描いた古代の洞窟壁画の例を挙げている第1段落最終文から，サイは当時の洞窟画家の絵の題材となったという内容にすると文脈に合う。ここでのsubjectは「（絵画・写真などの）題材」という意味。

(2) **正解** 1

選択肢の訳 **1** それにもかかわらず **2** とりわけ **3** 例えば **4** 同様に

ポイント 空所を含む第2段落最終文では，サイの角が闇市場（black-market）でいまだに需要があることを述べている。一方，直前の第5文には，trade in rhino horn is banned under CITES「サイの角の取引はワシントン条約（CITES）で禁止されている」とあるので，国際条約で禁止されているにもかかわらず，闇市場では相変わらずサイの角が売買されていることがわかる。したがって，逆接を表すNeverthelessでこの2文をつなぐ。

(3) **正解** 2

選択肢の訳 **1** よりよいツールを開発する **2** サイの密猟者と闘う **3** 捕食動物から身を守る **4** 将来のキャリアで成功する

ポイント 空所を含む第3段落最終文の主語The park rangersは「公園保護官」のこと。同じ段落の第1〜2文で，サイの角にGPS追跡装置を埋め込む目的がサイを密猟者から守ることであり，その装置によってサイの居場所がわかるようになると述べている。help them（＝the park rangers）に続く空所にfight against rhino poachersを入れてこの装置がサイの密猟者と闘うのに役立つという内容にすると段落の趣旨に合う。

全訳 サイを守る

　サイは，とても長く生きる哺乳類である。全盛期の先史時代には地球上に100種以上のサイが生息し，アフリカ，ユーラシア，南北アメリカ大陸に分布していた。数百万年前，地球の気候が冷え込むにしたがって，古代サイの大部分は絶滅した。しかし，そのうちのいくつかは生き残り，先史時代の洞窟画家にとって格好の題材となった。例えば，フランス南東部にあるショーヴェ洞窟で発見された壁画には，2頭のサイが対決している様子が描かれている。

　現在，サイはアフリカとアジアに5種しか生存しておらず，いずれも絶滅の危機に瀕している。サイは，その攻撃的な外見とは裏腹に，一般に性格が非常に温厚であると考えられている。そのため，サイは金を得るために角を狙う密猟者の格好の標的となりや

すい。古来よりアジアの一部の国々には，サイの角の粉末が万能薬になるという迷信がある。現在では，サイの角の取引は，絶滅の危機に瀕している種の国際取引を規制・禁止するための政府間協定であるワシントン条約（CITES）で禁止されている。それにもかかわらず，闇市場ではいまだにサイの角は大きな需要がある。

　最近，ジンバブエやザンビアなどのアフリカの国では，サイの角にGPS追跡装置を埋め込んで密猟者からサイを守ろうとする試みが行われている。いったんGPS追跡装置を埋め込むと，サイの居場所に関するデータが自動的に送信され，パトロール中の公園保護官はサイの位置を特定することができる。GPS追跡装置の消費電力はごくわずかであるため，内蔵の小型バッテリーで3年間作動し続けることが可能である。公園保護官は，このハイテク機器がサイの密猟者と闘うのに役立つことを期待している。

覚えよう! ▶ **重要語句・表現**

at *one's* height「全盛期で，最盛期で」

spreading across ～「～各地に分布している」　※現在分詞の分詞構文。

die out「死滅する，絶滅する」（＝go extinct）

confront「～と対決する，～に直面する」

..., all of which ～「…，そのすべてが～」　※直前の名詞句 five species of rhino
　を先行詞とする関係代名詞の非制限的用法。

aggressive「攻撃的な」

be considered to *do*「～すると考えられている」

be after ～ for ...「…を目的として～を追い求める」

have[has] been wrongly believed as ～「迷信で～と考えられている」

at present「現在のところ」

under threat「危機に瀕して」

nevertheless「それにもかかわらず」
　※〈逆接〉を表す接続副詞で，談話標識の1つ。

protect ～ from ...「～を…から保護する」

once「いったん～すれば」　※接続詞

pinpoint「～を特定する」

長文の穴うめ問題・2

次の英文を読み，その文意にそって（　　）に入れるのに最も適切なものを1，2，3，
4 の中から一つ選びなさい。

Facing toward the Sun

The sunflower is a tall annual plant with a large yellow flower. The name can easily be associated with the appearance of the flower that looks like the sun. (**1**), the name "sunflower" comes from its heliotropism — the motion of the flower in response to the direction of the sun. As the blooming period arrives, sunflowers move their heads toward the sun during the daytime so that they can get as much sunlight as possible. They continue this during the blooming period to help beneficial insects carry pollens from one flower to another as well as to perform *photosynthesis.

Today, sunflowers are grown in Ukraine, Russia, and many other European countries, as a seasonal flower, available from summer to early autumn. However, sunflowers are native to North America, and their origin goes back to 3000 B.C. or earlier, when they (**2**) Native Americans. Sunflower seeds were eaten raw or ground into flour to make bread and flat cakes. It was not until the 16th century that the plant was introduced to Europe by Spanish explorers who were interested in the way the native people used the seeds.

In the 18th century, the commercial value of sunflowers as a source of seed oil was first realized in Russia. Later, Ukrainian people found that sunflowers grow very well in the rich black-colored soil called "chernozem," which covers about 68% of the agricultural land in Ukraine. Considering that demand for healthy plant oil has been growing steadily, the importance of sunflowers as a crop will (**3**).

＊photosynthesis：光合成

(1) **1** Otherwise **2** For instance
　　 3 In fact **4** Because of this

(2) **1** were grown as a crop by **2** were arousing interest among
　　 3 were causing damage to **4** were collected forcibly from

(3) **1** decline in the future **2** be discussed in depth
　　 3 be given to many fields **4** continue to increase

(1) **正解** 3

選択肢の訳 1 そうでなければ 2 例えば 3 実際は 4 このために

ポイント 第1段落第2文では，sunflower「ヒマワリ（和名：向日葵）」の名前の由来について，「太陽に似た花の外見から来ていると考えやすい」と述べているが，続く第3文では，heliotropism「向日性」という用語を使いながら，開花時期になると花を太陽の方角に向けるからという正しい由来を説明している。したがって，空所には前文の内容を訂正する談話標識が入る。

(2) **正解** 1

選択肢の訳 1 ～によって作物として栽培されていた 2 ～の間で関心を集めていた 3 ～に損害を与えていた 4 ～から強制的に集められた

ポイント 空所を含む第2段落第2文では，ヒマワリの起源が「紀元前3000年またはそれ以前」の北米にあると述べている。続く第3文では，ヒマワリの種が「生で食べられたり，パンや平たいパンケーキを作るために粉に挽かれていた」ことを説明しており，ヒマワリが食用目的で栽培されていたことがわかる。空所には，この第3文の内容を簡潔に言い表す語句が入る。

(3) **正解** 4

選択肢の訳 1 今後は減少する 2 深く議論される 3 多くの分野に与えられる 4 今後も増え続ける

ポイント 空所を含む第3段落最終文前半では，分詞構文 Considering that ... を使って，「健康的な植物油の需要が増加の一途をたどっている」ことを指摘している。この内容を受けた後半は，作物としてのヒマワリの重要性（the importance of sunflowers as a crop）が「今後も増すだろう」と予想する内容になると考えられる。

全訳 太陽の方角に顔を向ける

　ヒマワリは，大きな黄色い花を咲かせる背の高い一年草である。その名前は，太陽に似た花の外見から来ていると考えやすい。しかし，実際は sunflower という名前の由来は，太陽の向きに応じて花が動く「向日性」に由来している。開花時期になると，ヒマワリは日中は太陽の光をできるだけ多く浴びることができるように，頭を太陽の方角に動かす。ヒマワリは開花時期の間この動きを続けるが，それは光合成を行うためだけでなく，益虫が花から花へ花粉を運んでくれるのを助けるためでもある。

　現在では，ヒマワリは夏から初秋にかけて手に入る季節の花として，ウクライナやロシアのほか，多くのヨーロッパ諸国で栽培されている。しかし，ヒマワリは北米原産であり，その起源は紀元前3000年またはそれ以前にアメリカ先住民によって作物として栽培されていた頃にさかのぼる。ヒマワリの種は生で食べられたり，パンや平たいパンケーキを作るために粉に挽かれていた。ヒマワリは16世紀になってようやく，先住民

の種の使い方に興味を持ったスペインの探検家たちによって，ヨーロッパにもたらされた。

　18世紀になって，種子油の原料としてのヒマワリの商業的価値が最初はロシアで認識された。その後，ウクライナの人々は，農地の約68パーセントを占める「チェルノゼム」と呼ばれる黒色の豊かな土壌でヒマワリがよく育つことを発見した。健康的な植物油の需要が増加の一途をたどっていることを考えると，作物としてのヒマワリの重要性は今後も増え続けることだろう。

> さまざまな文章を読みましょう。読んだ文章に出てきた単語や熟語を覚えることも大切です。

覚えよう！　**重要語句・表現**

be associated with 〜「〜と関連づけられる」

in fact「実は，実際は」　※前言の訂正・補強に用いられる談話標識。

so that S can V「SがVできるように」

A as well as *B*「BだけでなくAも」　※Aに力点が置かれる。

be native to 〜「〜原産である」

It was not until 〜 that ...「〜になってはじめて…」

　※「〜」の位置に来る時間を表す語句を強調する構文。

be introduced to 〜「〜に持ち込まれる，導入される」

the way S V「SがVする方法，どのようにSがVするか」

　※the wayのあとに関係副詞howが省略されていると考えてもよい。

..., which covers 〜　※関係代名詞whichの非制限的用法。先行詞はthe rich black-colored soil called "chernozem," 全体。

Considering that 〜「〜ということを考慮すると」　※現在分詞の分詞構文。

次の英文を読み，その文意にそって（　　　）に入れるのに最も適切なものを1，2，3，4 の中から一つ選びなさい。

Greener Railway Networks

Today, traveling by rail is considered more environmentally friendly than traveling by car. It has become a common theory shared among environmentalists and eco-minded people. According to recent studies, train CO_2 emissions per passenger are one-seventh that of gasoline cars. (**1**), compared on a per passenger basis, trains consume less energy than cars and airplanes. Both gasoline cars and airplanes have been getting more eco-friendly than before, but the advantage of trains will not change for many years to come.

There has been a lot of talk about how future trains can be more environmentally friendly. Some critics argue that railway companies should look for a way to make the most use of clean electricity generated from renewable energy sources such as wind energy or solar energy. This idea (**2**) in some European countries. For example, in the Netherlands, every electric train running on the Dutch Railways (NS) network has relied entirely on electricity from wind energy since January 2017.

One big problem railway companies have in common is the high risk of building an environmentally friendly railway system based on clean energy. Shifting toward renewable energy sources (**3**), but with operating trains fully on them, there is a potential risk of suffering power shortages. Both wind and solar power generation are easily affected by daily weather conditions. When wind farms or solar power plants cannot generate enough electricity, even for a short period of time, the railway system will stop working. For these reasons, so far only a few railway networks around the world have been fully dependent on clean electricity.

(1) **1** Moreover **2** Generally speaking
　　 3 As a matter of fact **4** For one thing

(2) **1** is under consideration **2** was turned down
　　 3 has been around for ages **4** is already being realized

(3) **1** should not be ignored **2** will cost a lot of money and take time
　　 3 may be possible in theory **4** has some disadvantages

［ 解答とポイント ］

(1) **正解** 1

選択肢の訳 1 さらに　　2 一般には　　3 実は　　4 ひとつには

ポイント 第１段落第３文では，鉄道が自動車よりも環境に優しい移動手段である理由として，CO_2 emissions per passenger「乗客１人当たりの二酸化炭素排出量」がガソリン自動車の７分の１であることを挙げている。空所を含む第４文では，もう１つの理由として，trains consume less energy than cars and airplanes「鉄道は自動車や飛行機よりもエネルギー消費量が少ない」ことを挙げている。したがって，空所には前文に情報を加える働きをする談話標識が入ると考えられる。

(2) **正解** 4

選択肢の訳 1 検討中である　　2 却下された　　3 長期間存在している
4 すでに実現されている

ポイント 空所を含む第２段落第３文で，主語のThis ideaは前文の内容，つまり鉄道が風力や太陽光などの再生可能エネルギー由来のクリーンな電力を最大限に活用することを指している。続く第４文では，オランダ鉄道（NS）の電車が2017年１月から，完全に風力エネルギー由来の電力で走っていることを述べており，これは文頭のFor example「例えば」からわかるように，前文で述べていることの具体例である。したがって，空所には「再生可能エネルギーがすでに鉄道で使われている」ことを表す語句が入る。

(3) **正解** 3

選択肢の訳 1 無視されるべきではない　　2 多くの費用と時間がかかる
3 理論的には可能かもしれない　　4 いくつかのデメリットがある

ポイント 空所直後に〈逆接〉を表す接続詞のbutが置かれ，このあとの部分では，再生可能エネルギーに完全に依存して鉄道を運行する際の潜在的なリスクについて述べている。したがって，空所を含む文の前半は，再生可能エネルギーの利用を肯定的にとらえる内容となるはずである。

全訳 より環境に優しい鉄道網

　現在では，鉄道での移動は，自動車での移動よりも環境に優しいと考えられている。これは，環境問題専門家や環境問題への関心が高い人々の間で共有される定説となっている。最近の研究では，鉄道の乗客１人当たりの二酸化炭素排出量は，ガソリン自動車の７分の１程度とされている。さらに，乗客１人当たりを基準に比較した場合，鉄道は自動車や飛行機よりもエネルギー消費量が少ない。ガソリン自動車も飛行機も以前より環境に配慮した設計になってきているが，鉄道の優位性は今後何年間も変わることはないだろう。

　今後，電車がいかに環境により優しいものになれるかに関しては，いろいろな議論がなされている。鉄道会社は風力や太陽光などの再生可能エネルギー源によって生み出さ

れるクリーンな電力を最大限に活用する方法を模索すべきだという意見もある。こうした考えは，すでにヨーロッパのいくつかの国で実現されている。例えばオランダでは，2017年1月から，オランダ鉄道(NS)の路線を走るすべての電車は完全に風力エネルギー由来の電力に依存している。

　鉄道会社が共通して抱えている大きな問題は，クリーンエネルギー・ベースで環境に優しい鉄道システムを構築することで生じる高いリスクである。再生可能エネルギーへのシフトは理論的には可能かもしれないが，完全にそれらだけに依存して電車を走らせると，電力不足に陥る潜在的なリスクがある。風力発電にせよ太陽光発電にせよ，日々の天候の影響を受けやすい。短期間であっても風力発電所または太陽光発電所が十分な量の電気を発電できなければ，鉄道システムは止まってしまう。こうした理由から，クリーンな電力に完全に依存する鉄道路線網は，今のところ，世界でもごくわずかにとどまっている。

覚えよう! ▶ **重要語句・表現**

green「環境に優しい」（≒ environmentally friendly, eco-friendly）

eco-minded「環境問題への関心が高い」　※ -minded「〜への意識 [関心] が高い」

CO_2 emission「二酸化炭素排出量」

per passenger「乗客1人当たりの」

one-seventh of 〜「〜の7分の1」　※分数表現

moreover「そのうえ，さらに」　※前言に情報を追加する談話標識。

compared on a 〜 basis「〜を基準に比較した場合」　※過去分詞の分詞構文。

less 〜 than ...「…より少ない〜」

both A and B「AとBの両方，AもBも」

There has been a lot of talk about 〜「〜に関してはいろいろと議論されている」

make the most use of 〜「〜を最大限に活用する」

have 〜 in common「〜を共通に持っている」

possible in theory「理論上は可能である」

there is a potential risk of 〜「〜という潜在的なリスクがある」

power shortage「電力不足」

長文の穴うめ問題・4

次の英文を読み，その文意にそって（　）に入れるのに最も適切なものを1，2，3，
4 の中から一つ選びなさい。

At the Bottom of Oceans

Coral reefs cover less than 1 percent of the ocean floor, but they are essential to all marine life. Their role in the global ecosystem is often compared to that of tropical rainforests. Coral reefs provide homes for a large number of marine species, building their own ecosystems with a rich biodiversity. Therefore, if a coral reef is destroyed, the whole ecosystem that (*1*) will be lost. If a group of coral reefs in a certain sea area are all destroyed, it can lead to the mass extinction of many other marine species.

Today, coral reefs are disappearing very fast from oceans around the world. The major cause of their disappearance is rising seawater temperatures. Reef-building corals get energy from the *algae that live inside them. When seawater is too warm, corals get stressed and force out the algae living in their tissues. This causes the corals to turn white. Once this "coral bleaching" phenomenon occurs, the corals will die unless their environment (*2*), allowing corals to grow again.

Reef-building corals live only in shallow tropical and subtropical seawater, but not all corals live in warm waters. Not all corals build reefs either. (*3*), over half of all known coral species have been discovered on the ocean floor, up to 6,000 meters deep below the ocean's surface, where the water is icy cold and sunlight hardly reaches. These days, these deep-water corals are also being put at risk by human activities, such as bottom-trawl fishing. Marine biologists are concerned that a great number of unknown deep-water coral species may become extinct before they are discovered and officially given a name.

＊algae：alga「藻」の複数形

(1)　1　depends on it　　　　　　2　supports it
　　　3　protects it　　　　　　　4　affects it

(2)　1　gets over the changes　　　2　worsens to the level
　　　3　returns to normal　　　　 4　produces barriers

(3)　1　In other words　　　　　　2　Needless to say
　　　3　As a result　　　　　　　4　Surprisingly enough

(1) **正 解** 1

選択肢の訳 **1** それに依存する **2** それを支える **3** それを保護する
4 それに影響を与える

ポイント 第1段落第4文と第5文は，どちらもif 〜, ... の形で，サンゴ礁が失われた場合，
ほかの海洋生物にどのような影響が生じるかを述べている。第3文で，サンゴ礁が多く
の海洋生物にとって住処となっていることを述べているので，空所にはサンゴ礁とそこ
を住処とする海洋生物の関係を表す動詞句が入る。

(2) **正 解** 3

選択肢の訳 **1** 変化を克服する **2** そのレベルまで悪化する **3** 正常な状態に
戻る **4** 障害を生み出す

ポイント 第2段落第2〜5文によれば，「サンゴの白化」（coral bleaching）現象の原
因は，海水温の上昇などによりストレスを感じたサンゴが組織内にすむ藻を放出するた
めである。続く第6文では，白化したサンゴがどうなるかについて述べている。空所前
に置かれた接続詞のunless「もし〜しなければ」，および，空所直後のallowing corals
to grow again「サンゴを再び生育させる」という補足説明から，環境が改善されると
いう内容が適する。

(3) **正 解** 4

選択肢の訳 **1** 言い換えれば **2** 言うまでもなく **3** その結果 **4** 驚くべき
ことに

ポイント 第3段落第1〜2文では，サンゴは熱帯や亜熱帯の暖かい海に生息してサン
ゴ礁を造るものだけではないことを説明している。続く第3文では，既知のサンゴの半
数以上は太陽の光がほとんど届かない冷たい海に生息していると述べている。空所には，
この事実を強調する語句が入ると考えられる。

全訳 海の底で

　サンゴ礁が海底に占める面積は1パーセントにも満たないが，あらゆる海洋生物にとっ
て不可欠な存在である。地球の生態系におけるサンゴ礁の役割は，しばしば熱帯雨林の
それにたとえられる。サンゴ礁は，多くの海洋生物種に住処を提供し，生物多様性に富
んだ独自の生態系を築いている。したがって，サンゴ礁が破壊されると，それに依存す
る生態系全体が失われることになる。ある海域のサンゴ礁群がすべて破壊されれば，ほ
かの多くの海洋生物種の大量絶滅を引き起こす可能性がある。

　現在，世界各地の海からサンゴ礁が急速に消滅しつつある。その主な原因は海水温の
上昇である。サンゴ礁を造るサンゴは，サンゴの体内にすむ藻類からエネルギーを得て
いる。海水が温かくなりすぎると，サンゴはストレスを感じて，組織内に生息する藻類
を強制的に外へと放出する。その結果，サンゴは白くなる。この「サンゴの白化」現象

が起きると，環境が正常な状態に戻ってサンゴを再び生育させない限り，サンゴは死んでしまう。

　造礁サンゴは，熱帯および亜熱帯の浅い海にしか生息していないが，すべてのサンゴが暖かい海に生息しているわけではない。また，すべてのサンゴがサンゴ礁を造るわけでもない。驚くべきことに，その存在が知られているサンゴの半数以上は，水温が非常に低く太陽光がほとんど届かない海面下最大6千メートルの深い海底で発見されている。近年，この深海サンゴも底引き網漁などの人間の活動によって危機にさらされている。海洋生物学者は，未知の深海サンゴの多くの種が発見され正式に命名される前に絶滅してしまうのではないかと危惧している。

覚えよう！ 重要語句・表現

at the bottom of 〜「〜の底で」

less than 〜「〜より少ない，〜に満たない」

is often compared to that of 〜　※ that = the role in the global ecosystem

provide *A* for *B*「Bに A を提供する」

a large number of 〜「多くの〜」

building their own ecosystems「独自の生態系を築いている」
　※現在分詞の分詞構文。

therefore「それゆえに，したがって」　※結論を導く談話標識。

depend on 〜「〜に依存する」

lead to 〜「（結果として）〜をもたらす」

get stressed「ストレスを感じる」

force out「〜を強制的に放出する」

S cause O to *do*「Sが原因でOが〜する」

phenomenon「現象」

unless「〜しなければ」　※ unless their environment returns to ... は if their
　environment doesn't return to ... と書き換え可能。

not all 〜「〜すべてが…とは限らない」　※部分否定

surprisingly enough「驚くべきことに」　※文頭に置かれる強調の談話標識。

up to 〜「最大〜」

..., where 〜　※場所を先行詞とする関係副詞 where の非制限的用法。

談話標識（discourse marker）とは，文と文の論理的な関係を示す語句のことで，その多くは文頭，または文頭近くに置かれます。それぞれの談話標識の働きを正しく理解することで，文章の展開を把握しやすくなります。また，英語の文章を書く際には，適切な談話標識を使うことで，主張や論点を明確に読み手に伝えることができます。

〈原因－結果〉の関係や物事の結末を表す

because of 〜 / due to 〜	〜のために
thanks to 〜	〜のおかげで
thus / therefore	したがって，そういうわけで
as a result / consequently	その結果
for these reasons	こうした理由から
after all	結局，結局のところ

Our flight was delayed for two hours due to rough weather. As a result, we missed the connecting flight at Istanbul. 「私たちの飛行機は悪天候のために出発が2時間遅れた。その結果，イスタンブールで接続便に間に合わなかった」

情報を追加する

moreover / furthermore / besides / what is more / in addition	さらに，その上，加えて
in addition to that	それに加えて，それ以外に

This notebook computer is easy to use. Moreover, the price is reasonable. 「このノートパソコンは使いやすい。そのうえ，値段が手頃だ」

対照・対比する

while	〜ではあるものの，〜である一方
on the other hand	もう一方では
on the contrary	それどころか

The best-before date is about the quality of long-life food. On the other hand, the use-by date is about food safety. 「賞味期限は長期保存食品の品質に関するものである。一方，消費期限は食品の安全に関するものである」

言い換える

in short	要するに
that is / in other words	すなわち，言い換えれば

Some people will enjoy the movie, and others will find it boring. In short, it's just a matter of taste. 「その映画を楽しむ人もいれば，退屈だと感じる人もいるだろう。要するに，好みの問題だ」

Part 3

長文の内容に関する問題
（大問３）

大問３はメール文・説明文の内容に関する質問に答えたり，内容を表す文を完成させる問題。長文読解力が問われる。

長文の内容に関する問題

・大問3は長文の内容に関する質問への答えを選ぶ問題と，長文の内容を表す英文を完成させるのに適する語句を選ぶ問題。

・大問4には [A]，[B]，[C] の3問がある。

[A] メール文（200〜220語程度，3段落構成）で質問数は3問。内容は社内スタッフや取引先などに宛てて書かれた商用メール，学校から学生宛の伝達事項，問い合わせに対する回答など。

[B]，[C] 説明文（350〜380語程度，3〜4段落構成）で質問数は [B] が4問，[C] が5問。内容は，社会的な問題と科学技術に関する題材を扱った英文が1つずつ出題される場合が多い。具体的には，資源関連，歴史関連，エネルギー問題，環境問題，最新の医療事情など。以下は説明文の例。

例 *Labor Day*

　　The first Monday in September is one of the United States national holidays, Labor Day. People in the United States have celebrated this day to honor workers since the 1880s. Although many people enjoy a vacation on this day, the first Labor Day celebrations were not for family fun, but for the improvement of the lives of the American working class.

Why did people celebrate Labor Day in the early days?

1 To enjoy their vacation with their family.

2 To make the lives of people in the working class better.

3 To pay honor to the efforts of people in the working class.

4 To learn the history of working class people. 　　　　　　　　正解　**2**

訳 労働者の日

　　9月の第1月曜日は合衆国の祝日の1つ，「労働者の日」である。合衆国の人々は，1880年代以来，労働者に敬意を表すためにこの日を祝っている。この日には多くの人々が休暇を楽しむが，最初の労働者の日の祝典は，家族が楽しむためのものではなく，アメリカの労働者階級の生活の向上を期するためのものだった。

初期のころ，人々はなぜ「労働の日」を祝いましたか。

1 家族と休暇を楽しむために　　**2** 労働者階級の人々の暮らしをよりよくするために

3 労働者階級の人々の努力に敬意を表するために　　**4** 労働者階級の人々の歴史を学ぶために

対策

・大問2同様，**指示語，談話標識，言い換え・同意表現に注意**する。
・メール文では**特有の体裁に慣れて効率的に基本情報をつかむ**ことが重要。
・説明文では，全体の段落構成を知り，**段落ごとの要旨をつかみながら論理の展開を追う**。説明文は，〈主題の提示→展開①→展開②→結論〉が基本的な構成。

ここがポイント！

❶ 先に質問に目を通す

大問3では，基本的に段落ごとに質問が1つずつ用意されている。**先に質問に目を通しておけば各段落で注意すべき点を押さえやすくなり，より正確に読み取ることができる**し，効率よく解答することができる。**例**の質問と選択肢から，初期の段階で労働者の日を祝った目的が問われていることがわかるので，初期の頃の労働者の日について述べている部分に着目して正解を絞る。

❷ ヘッダーなどから基本情報をつかむ

メール文では，**本文の前にあるヘッダーから差出人（From），宛先（To），日付（Date），件名（Subject）がわかる**。これらの情報を得ておくことは，本文を正しく理解するうえで役立つ。また，本文では差出人と宛先の人物の人間関係をつかむことも重要。次のようなヘッダーから，ある教育機関のローズ・リンドという人物が学生たちに宛てた，学生証についての伝達事項を記したメールであることが予測できる。

From: Rose Lynd <r-lynd@easterncol.edu>
To: Students <students@easterncol.edu>
Date: September 1
Subject: Your ID card

❸ 段落ごとの要旨をつかむ

説明文では，まず**タイトルを読んで，何についての説明文なのかを把握**しよう。さらに，**説明文では普通，各段落にその段落の主旨を簡潔にまとめた文（トピックセンテンス）がある**。これをつかむことで，どのようなテーマについて何を説明しようとしているのかを推測しながら読むことが重要。**例**では，第1文と最終文が重要。第1文がトピックセンテンスで，ここから労働者の日について述べた説明文であることをつかむ。さらに，最終文では本来の労働者の日のあり方について述べていることから，第2段落以降ではその歴史や成り立ちについて述べられることが推測できる。

次のメール文の内容に関する質問に対して最も適切なもの，または文を完成させるのに最も適切なものを1，2，3，4の中から一つ選びなさい。

From: Emma Lawson <e-lawson@wondermail.com>
To: Alan Tucker <alan-tucker@umail.com>
Date: May 16
Subject: Apartment on Baxter Street

....

Dear Mr. Tucker,

Thank you for showing me the apartments in Marksdale last Sunday. All three apartments look comfortable, but I've just decided to take the one on Baxter Street. The rent of $750 a month is just within my budget, and it's only a 30-minute trip to my office by train. Moreover, I like the apartment because the owner allows pets on the condition that the tenants inform him about the kinds of pets beforehand. Actually, I'm thinking about getting a cat in the near future.

You said that the apartment will be available on July 30 when all the maintenance work will have finished. I'd like to move in on July 31 because I can stay in my current apartment until the end of July. When I tried the tap water in the kitchen, I noticed the sink drain pipe was making a strange noise. I'm afraid something is blocking the drain pipe. I was wondering if the owner could check and repair it by the time I move in.

I'd like to come to your agency to sign the contract and pay the deposit as soon as possible. Please let me know when it would be convenient for you. Finally, as for paying the rent, you said payment should be made to your agency's bank account every month. I'd like you to give me the account information when I visit your agency.

Sincerely,

Emma Lawson

(1) Emma Lawson says that she

    1 is looking for an apartment that has good public transportation access.

    2 cannot afford to pay the rent for the apartment on Baxter Street.

    3 would like Mr. Tucker to recommend a reliable mover.

    4 wants to have a pet in her new apartment since the owner allows it.

(2) What does Emma Lawson want the apartment's owner to do?

    1 Finish the maintenance work for the apartment as soon as possible.

    2 Pay part of the cost of repairing the drain pipe in the kitchen.

    3 Check the condition of the sink drain pipe in the kitchen.

    4 Replace the kitchen sink because it is too old.

(3) What does Emma Lawson tell Mr. Tucker that she wants to do?

    1 Go to his agency to complete the contract signing procedures.

    2 Make the deposit to the bank account he gave her.

    3 Open a bank account to pay the monthly rent for the apartment.

    4 Mail the contract to his agency as soon as she signs it.

［ 解答とポイント ］

(1) **正解** 4

質問の訳　エマ・ローソンが書いていることによれば，彼女は，

選択肢の訳　**1**　公共交通機関が利用しやすいアパートを探している。　**2**　バクスター通り沿いのアパートの家賃を払うだけの経済的余裕がない。　**3**　タッカー氏に信頼できる引っ越し業者を紹介してもらいたいと思っている。　**4**　大家さんが許可してくれるので，新しいアパートでペットを飼いたいと思っている。

ポイント　差出人のエマ・ローソンは本文第１段落第４〜５文で，バクスター通り沿いのアパートに決めたもう１つの理由として，ペットを飼うことが条件付きで認められていることを挙げ，「近い将来猫を飼おうかと考えている」と述べている。

(2) **正解** 3

質問の訳　エマ・ローソンがアパートの大家さんにしてほしいことは何ですか。

選択肢の訳　**1**　できるだけ早くアパートのメンテナンス作業を終わらせる。　**2**　キッチンの排水管の修理代の一部を負担する。　**3**　キッチンのシンクの排水管の状態を確認する。　**4**　キッチンのシンクが古すぎるので交換する。

ポイント　本文第２段落第３文以降で，エマ・ローソンはアパートを訪ねた際に，キッチンの水道を使ってみたところ，シンクの排水管から異音が聞こえたことを気にしている。最終文の I was wondering if ... は，排水管を調べて修理しておいていただきたいという丁寧な依頼文。

(3) **正解** 1

質問の訳　エマ・ローソンはタッカー氏にどうしたいと伝えていますか。

選択肢の訳　**1**　契約の手続きを行うために彼の店に行く。　**2**　彼から指定された銀行口座に敷金を振り込む。　**3**　アパートの毎月の家賃を払うための銀行口座を開設する。　**4**　契約書への署名が済み次第，彼の店に郵送する。

ポイント　本文第３段落第１文でエマ・ローソンは，to sign the contract and pay the deposit「契約を結び敷金を支払うために」できるだけ早くタッカー氏の店に伺いたいと述べている。

全訳

差出人：エマ・ローソン <e-lawson@wondermail.com>
宛先：アラン・タッカー <alan-tucker@umail.com>
日付：５月16日
件名：バクスター通り沿いのアパート
拝啓　タッカー様
先週の日曜日は，マークスデールのアパートを紹介していただき，ありがとうございました。３つのアパートはどれも快適そうですが，私は今，バクスター通り沿いのアパー

トの物件に決めたところです。月750ドルの家賃はちょうど私の予算内ですし，会社まで電車でわずか30分で行けます。しかも，大家さんがペットの種類を事前に知らせるという条件で，ペットを飼うことを許可しているという点もそのアパートを気に入っている理由です。実は，近い将来，猫を飼おうかと考えているのです。

メンテナンス作業がすべて終わる7月30日には入居できるそうですね。現在のアパートに7月末までは住めるので，7月31日に入居したいと思っています。キッチンの水道を使ってみたところ，シンクの排水管から妙な音がすることに気づきました。排水管に何かが詰まっているのではないでしょうか。私が入居するまでに大家さんに確認と修理をお願いできないでしょうか。

できるだけ早く貴店に伺って，契約を結び敷金をお支払いしたいと思っております。ご都合のよろしい日を教えてください。最後に家賃のお支払いに関してですが，毎月，貴店の銀行口座に振り込むようにとのことでした。貴店に伺った際に，口座情報を教えていただけますでしょうか。

敬具

エマ・ローソン

Part 3

長文の内容に関する問題

覚えよう！　重要語句・表現

Thank you for *do*ing　「〜してくれてありがとう」

take the one ＝ take the apartment

　※the one は直前に出てきたものの1つを指す。

within a *person's* budget　「人の予算内で」

on the condition that 〜　「〜という条件で」

inform O about[of] 〜　「Oに〜について知らせる」

move in　「入居する」

I was wondering if S could 〜　「Sに〜していただけないかと思いまして」

　※非常に丁寧な依頼文。

deposit　「(賃貸物件契約時に支払う) 敷金」

bank account　「銀行口座」

Sincerely　メールや手紙の最後に添える。「敬具」に当たる。

　※《米》では Sincerely yours, 《英》では Yours sincerely, も使われる。いずれの場合も，後ろにコンマを打つ。

65

次のメール文の内容に関する質問に対して最も適切なもの，または文を完成させるのに最も適切なものを１，２，３，４の中から一つ選びなさい。

From: Fred Howard <f-howard288@picturebook-campaign.com>
To: Stephanie Miller <s-miller@housemail.com>
Date: September 15
Subject: About 'Picture books for All Children' campaign

....

Dear Ms. Miller,

Thank you for being interested in our activities for poor children. As our official website shows, our annual 'Picture Books for All Children' campaign starts next Monday. Please donate any picture books you no longer need to us. All you have to do is fill out the form on our campaign page and mail the picture books to our office. You can apply for a free home pick-up when you'd like to send us more than 10 books.

Our campaign started ten years ago, when Mr. Paul Bradstock, then a high school science teacher, visited some Southeast Asian countries to learn about their educational conditions. He was shocked to realize that many poor families could not afford to buy picture books for their children. Mr. Bradstock, who believes it is very important to encourage children to form good reading habits, started a campaign to send used picture books to low-income families after he returned from his study tour.

All the picture books donated to us will be checked and repaired, and then sent to the schools and facilities in Southeast Asian countries that support our campaign. Last year, the number of donated picture books reached 6,000 for the first time since we started the campaign. This year, we celebrate the 10th anniversary of the campaign. As a token of our thanks, anyone who donates a picture book can get a special bookmark set for free. Thank you for your cooperation in advance.

Sincerely,

Fred Howard

(1) What does Stephanie Miller need to do in order to join the campaign?
1 Donate the picture books she doesn't need any longer.
2 Send a small amount of money to poor children.
3 Apply for volunteer work and do some work for the campaign.
4 Help the campaign's office staff with their delivery work.

(2) What is one thing we learn about the 'Picture Books for All Children' campaign?
1 A library started it to encourage children to read more books.
2 It is financially supported by a group of school teachers in Southeast Asian countries.
3 The profits help school libraries in Southeast Asian countries buy new books.
4 Its purpose is to provide poor children with a chance to read picture books.

(3) This year, those who joined the campaign
1 will be invited to the 10th anniversary event hosted by the organization.
2 will be given a special item that celebrates the 10th anniversary of the campaign.
3 will be asked to do some book repair work as a volunteer.
4 will be offered a chance to meet students in Southeast Asian countries.

(1) 　**正解**　1

　質問の訳　ステファニー・ミラーがキャンペーンに参加するために必要なことは何ですか。

　選択肢の訳　**1**　不要になった絵本を寄付する。　**2**　恵まれない子供たちに少額のお金を送る。　**3**　ボランティアに応募して，キャンペーンのための仕事をする。
4　キャンペーン事務局の局員の配達を手伝う。

　ポイント　本文第1段落第3文の Please donate any picture books you no longer need to us. というお願いの文から判断する。キャンペーンの事務局が寄付を呼びかけているのは不要となった絵本だけで，お金の寄付は求めていない。

(2) 　**正解**　4

　質問の訳　「すべての子供たちに絵本を」キャンペーンについてわかることの1つは何ですか。

　選択肢の訳　**1**　子供たちにもっと本を読んでもらうために，ある図書館が始めた。　**2**　東南アジア諸国の学校の先生たちから経済的な支援を受けている。　**3**　その収益によって東南アジア諸国の学校図書館が新しい本を購入できる。　**4**　恵まれない子供たちに絵本を読む機会を提供することが目的である。

　ポイント　本文第2段落第3文で，ブラッドストック氏が東南アジアの恵まれない家庭に中古の絵本を送るキャンペーンを開始した理由を believes it is very important to encourage children to form good reading habits と説明している。

(3) 　**正解**　2

　質問の訳　今年，キャンペーンに参加した人は

　選択肢の訳　**1**　組織が主催する10周年記念イベントに招待される。　**2**　キャンペーン10周年を記念する特別な品がもらえる。　**3**　ボランティアとして本の修復作業をするよう依頼される。　**4**　東南アジア諸国の学生たちと交流する機会を提供される。

　ポイント　本文第3段落第3〜4文から，キャンペーンの10周年記念として，絵本の寄贈者全員に「特製のしおりセット」（a special bookmark set）がプレゼントされることがわかる。

　全訳

差出人：フレッド・ハワード <f-howard288@picturebook-campaign.com>
宛先：ステファニー・ミラー <s-miller@housemail.com>
日付：9月15日
件名：「すべての子供たちに絵本を」キャンペーンについて
拝啓　ミラー様
恵まれない子供たちのための私どもの活動に関心をお寄せいただき，ありがとうござい

ます。公式サイトにも掲載されていますように，毎年恒例の「すべての子供たちに絵本を」キャンペーンが来週月曜日から始まります。お手元にご不要の絵本がありましたら，ぜひご寄付ください。キャンペーンページのフォームに必要事項をご記入のうえ，事務局まで絵本をご郵送ください。10冊以上お送りいただく場合は，無料の集配サービスのお申し込みが可能です。

このキャンペーンは10年前，当時高校の理科教師だったポール・ブラッドストック氏が教育事情を学ぶために東南アジア諸国を訪れたことがきっかけで始まりました。そのとき，多くの恵まれない家庭では子供に絵本を買い与える余裕さえないことを知り，彼は衝撃を受けました。子供たちに良い読書の習慣をつけるよう促すことが非常に大切だと考えるブラッドストック氏は，視察から戻ったあと，低所得の家庭に中古の絵本を送るキャンペーンを開始したのです。

私どもに寄贈された絵本はすべて点検・修復され，キャンペーンに賛同する東南アジア各国の学校や施設に送られます。昨年は，キャンペーン開始以来初めて，絵本の寄贈数が6,000冊に達しました。今年はキャンペーン開始10周年を迎えます。私どもの感謝の印として，絵本を寄贈してくださった方全員に特製しおりセットをプレゼントしています。どうかご協力をお願いいたします。

敬具

フレッド・ハワード

覚えよう！　**重要語句・表現**

Thank you for being interested in 〜 「〜に関心を持っていただきありがとうございます」

no longer 「もはや〜ない」

All you have to do is (to) *do*. 「あなたがしなければならないのは〜することだけだ」
　　※isのあとにはto不定詞が続くが，toは省略されることが多い。

apply for 〜 「〜に申し込む」

be shocked to *do* 「〜して衝撃を受ける」

cannot afford to *do* 「〜する経済的余裕がない」

the number of 〜 「〜の数」（※単数扱い）

celebrate the 10th anniversary of 〜 「〜の10周年を祝う」

as a token of 〜 「〜の印として」

for free 「無料で，ただで」

Thank you for your cooperation in advance. 「どうかご協力をお願いいたします」
　　※直訳すると，「あらかじめ，ご協力に感謝いたします」。先にお礼を述べる形で，
　　　相手に協力をお願いする表現になっている。in advance「あらかじめ，前もって」

次の英文の内容に関する質問に対して最も適切なもの，または文を完成させるのに最も適切なものを1，2，3，4の中から一つ選びなさい。

Flying Around for Damage Inspection

The history of drone development is much longer than most people expect. In fact, the very first idea of drones goes back to as early as the late 19th century, when unmanned balloons were used for military purposes. However, it is only over the last several years that commercial drones have come into our lives. With high-tech sensors and learning capabilities, modern commercial drones are becoming an essential tool in many industrial fields, dramatically improving conventional workflows.

How can drones change the way people work? One good example is the maintenance work of critical infrastructure such as dams. Dam construction is a big project that relies on the highest and most reliable technology at the time. It costs huge amounts of money and human resources as well. Moreover, many dams are built to protect local people from flooding for hundreds of years to come. Therefore, they need careful and proper maintenance so that any serious accidents can be prevented.

Generally, the health conditions of dams are physically checked by a human crew. However, the maintenance of gigantic dams costs a lot of time and money. Not only that, but it is a dangerous task that can put the crew at risk of accidents. That's where drones can change the traditional way things have been done. Drones can detect cracks and other potential problems with their high-quality images, videos, and thermal cameras while flying slowly along the walls of dams. They can even fly around dangerous and hard-to-reach areas of the dams with lower risks. The images taken by drones are monitored and analyzed by experts on a real-time basis. In this way, drones can reduce the cost and risk of maintenance work dramatically.

The capacity of drones is also attracting much attention from airplane maintenance technicians. When damage to an aircraft is suspected by lightning or a bird-strike, for example, a drone can check to see if there is damage in a shorter time. The images taken by drones show much more than experienced technicians can see with their naked eyes. Now that drone technology has made remarkable progress, the use of drones will be promoted in more industrial fields in the future.

(1) What is true about drones?

1 The idea of drones began quite recently, so it will take some time before it is put into industrial use.

2 The first commercial drone was developed in the late 19th century.

3 Drone technology has greatly changed the working methods in many industrial fields.

4 Most of the drones that are being developed now are for military purposes.

(2) Dam construction

1 is a project that puts a financial burden on local governments.

2 is expected to generate new jobs for many years to come.

3 is based on the best technology so that dams will last hundreds of years.

4 costs a lot of money and manpower, so the workflows must be efficient.

(3) What is one advantage of introducing drones for dam maintenance work?

1 They can access the areas that would put a human crew at risk during maintenance work.

2 They can send an alarm to the crew when they detect potential problems.

3 They can monitor the walls of dams 24 hours a day throughout the year.

4 They can analyze the images they took while flying along dam walls.

(4) What is one reason drones are useful in airplane maintenance work?

1 They prevent airplanes from being damaged due to accidents during maintenance work.

2 They can check the suspected damage on airplanes more quickly and precisely.

3 They increase the life of an airplane by finding the potential damage earlier.

4 They can be controlled easily by ground workers, even if they have just learned how to fly them.

[解答とポイント]

(1) 　**正解**　3

質問の訳　ドローンについて正しいものはどれですか。

選択肢の訳　**1** ドローンのアイディアが始まったのはごく最近のことなので，産業に利用されるにはまだ時間がかかる。　**2** 最初の商業用ドローンは19世紀後半に開発された。　**3** ドローン技術は多くの産業分野において作業の仕方を大きく変えた。**4** 現在開発されているドローンは，そのほとんどが軍事目的のものである。

ポイント　第1段落第3〜4文で，近年普及してきた商業用ドローンについて，多くの産業分野において不可欠なツールとなり，従来のワークフローを劇的に改善しつつあることを述べている。

(2) 　**正解**　3

質問の訳　ダム建設は，

選択肢の訳　**1** 地方自治体に財政負担を強いる事業である。　**2** 今後何年にもわたって新規雇用を生み出すことが期待される。　**3** ダムが何百年にもわたって持ちこたえられるように最良の技術に基づいている。　**4** お金も人力もかかるので，ワークフローは効率的でなければならない。

ポイント　第2段落第3文で，Dam construction is a big project that relies on the highest and most reliable technology at the time.「ダム建設は，その時点で最も高度で信頼性のある技術に依存する一大プロジェクトである」，また第5文ではダム建設の意義について are built to protect local people from flooding for hundreds of years to come「その後何百年もの間，地域住民を洪水から守るために建設される」と述べている。

(3) 　**正解**　1

質問の訳　ダムの保守管理作業にドローンを導入するメリットの1つは何ですか。

選択肢の訳　**1** 人間の作業員であれば保守作業中に危険にさらされるような場所にも近づくことができる。　**2** 潜在的な問題を発見した場合，作業員に警告を送ることができる。　**3** 1年を通じて24時間体制でダムの壁を監視できる。　**4** ダムの壁面沿いを飛行中に，撮影した画像を解析できる。

ポイント　ダムのメンテナンスにドローンを使うメリットについて，第3段落第6文で can even fly around dangerous and hard-to-reach areas of the dams with lower risks「ダムの危険で到達しづらい場所でさえ，ドローンはより低いリスクで飛ぶことができる」と述べている。

(4) 　**正解**　2

質問の訳　飛行機の整備にドローンが役立つ理由の1つは何ですか。

選択肢の訳　**1** 整備作業中の事故による航空機の破損を防止できる。　**2** 飛行機の破損が疑われる箇所をより速く正確に確認できる。　**3** 潜在的な損傷を早期に発見することで航空機の寿命を延ばすことができる。　**4** 地上作業員が操作の仕方を習ったばかりであっても簡単に操縦できる。

ポイント　飛行機の整備にドローンを使う利点について，第4段落第2文で短時間で損傷の有無を確認することができること，第3文では，ドローンが撮影した画像からは熟練した技術者が肉眼で見るよりもはるかに多くの情報が得られることを挙げている。

全訳　飛び回って損傷の具合を調べる

　ドローン開発の歴史は，一般の人々が考えているよりずっと長い。実際，ドローンのアイディアが最初に生まれたのは，19世紀後半にまでさかのぼり，当時は無人の気球が軍事目的で使用されていた。しかし，商業用ドローンが私たちの生活に浸透してきたのは，ここ数年のことである。ハイテクセンサーと学習機能を備えた現代の商業用ドローンは，多くの産業分野において不可欠なツールとなり，従来のワークフローを劇的に改善しつつある。

　ドローンは，人々の働き方をどのように変えることができるのだろうか。1つのよい例は，ダムのような重要なインフラの保守作業である。ダム建設は，その時点で最も高度で信頼性のある技術に依存する一大プロジェクトである。それには莫大な費用と人的資源も必要となる。そのうえ，多くのダムは，その後何百年もの間，地域住民を洪水から守るために建設される。そのため，いかなる重大な事故も未然に防ぐために，慎重かつ適切なメンテナンスが必要なのである。

　一般に，ダムの健康状態は，人間で構成される作業班によって物理的にチェックされる。しかし，巨大なダムの維持管理には，多くの時間と費用がかかる。そればかりか，作業員を事故の危険にさらす危険な作業でもある。ドローンが従来のやり方を変えることができるのは，まさにこの点においてである。ドローンは，ダムの壁面に沿ってゆっくりと飛行しながら，高画質な画像，ビデオ，サーマルカメラで亀裂やそのほかの潜在的な問題を検出することができる。ダムの危険で到達しづらい場所でさえ，ドローンはより低いリスクで飛ぶことができる。ドローンによって撮影された画像は，専門家がリアルタイムで監視・分析する。このようにして，ドローンはメンテナンス作業のコストとリスクを劇的に減らすことができるのである。

　ドローンの能力は，航空機の保守担当技術者からも大いに注目されている。例えば落雷やバードストライクなどによる航空機の損傷が疑われる場合，ドローンを使えば短時間で損傷の有無を確認することができる。ドローンによって撮影された画像からは，熟練した技術者が肉眼で見るよりもはるかに多くの情報が得られる。ドローン技術が目覚ましい発達を遂げた現在，今後はより多くの産業分野においてドローンの利用が促進されるだろう。

覚えよう！　**重要語句・表現**

it is only over the last several years that commercial drones have come into our lives　※It is ～ that ....「…なのは～だ」（強調構文）

so that ～ can「～が…できるように」（目的）　※so that で接続詞の働きをする。

now that「～した現在[今]では」　※now that で接続詞の働きをする。

次の英文の内容に関する質問に対して最も適切なもの，または文を完成させるのに最も適切なものを1，2，3，4の中から一つ選びなさい。

The Role of Botanic Gardens

Scientists warn that more plant species are disappearing faster than they had expected. The State of the World's Plants and Fungi 2020 report says that about 40% of the world's plant species are threatened with extinction. It is a 20% increase from the previous research in 2016, which revealed that about 20% of plant species were at risk of extinction. The decline in the number of plant species is mostly due to the continuing destruction of nature, global warming, and global climate change.

The threat to plant species is especially serious in tropical rainforests. For example, the Amazon rainforest, the largest tropical rainforest on Earth, is rapidly being destroyed in order to make room for farming and other industries. Tropical rainforests are home to many rare and precious plants, some of which play a very important role in developing new drugs. Scientists are concerned that if plant species become extinct before they are found and studied by scientists, we may lose potential sources of new drugs forever.

As more plant species are in danger of extinction, the role botanic gardens play is becoming more important than ever. According to the first detailed study published in 2017 by Botanic Gardens Conservation International (BGCI), the world's botanic gardens hold more than 100,000 species — about one third of the plant species identified by humans so far — and preserve about 40% of endangered plant species. The plant conservation charity analyzed the data from more than 1,100 botanical gardens, which accounts for about one third of the botanical gardens worldwide.

The results of the survey may be impressive, but they also show what is missing from the variety of plant species botanical gardens hold. Scientists point out that although most of the world's plants are tropical, tropical plants make up only 25% of the plants preserved in botanic gardens. This is partly because the majority of the botanical gardens are located in temperate regions such as Europe and North America, where the gardens need specialized greenhouses to grow tropical plant species. Researchers say that it is necessary to build a global system so that botanical gardens around the world can cooperate to prevent plant species from going extinct.

(1) According to recent research,

   1   the number of the world's plant species is much larger than scientists expected.

   2   the situation of endangered plant species is getting more serious.

   3   more than half of the world's plant species are in danger of extinction

   4   the speed of plant species extinction has been slowing down over the last four years.

(2) What are scientists concerned about?

   1   Tropical rainforests are disappearing very fast, which may have a negative influence on the way new drugs are developed.

   2   Local people do not realize that tropical rainforests play an important role in keeping biodiversity on Earth.

   3   Governments are slow to take action to protect tropical rainforests, which are home to rare species of plants.

   4   The Amazon rainforest is losing its ability to control the global climate as a result of deforestation.

(3) The study published in 2017 by BGCI reveals that

   1   only a small number of countries have botanical gardens that grow rare species of plants.

   2   tropical rainforests are home to about one third of all the plant species ever discovered.

   3   botanical gardens around the world play an important role in conserving endangered plant species.

   4   most botanical gardens don't have enough space to grow and preserve any more plant species.

(4) What is one thing researchers say about botanical gardens?

   1   Botanical gardens provide people with a good chance to learn more about endangered plant species.

   2   Every country should have their own botanical gardens to grow and preserve their local plant species.

   3   Botanical gardens in Europe and North America should gather more tropical plant species.

   4   There should be a system in which the world's botanical gardens can work together to preserve more endangered plant species.

(1) 　**正解**　2

　質問の訳　最近の研究によれば，

　選択肢の訳　**1**　世界の植物種の数は科学者の予想よりもはるかに多い。　**2**　絶滅の危機に瀕している植物種の状況はより深刻になっている。　**3**　世界の植物種の半分以上が絶滅の危機に瀕している。　**4**　植物種絶滅の速度はこの4年間で鈍化している。

　ポイント　第1段落第1文で，more plant species are disappearing faster than they had expected「予想以上のスピードでより多くの植物種が消滅している」という科学者たちの警告を取り上げている。さらに第2～3文に出てくる「世界植物種・菌種報告書2020」の統計からも，絶滅の危機に瀕している植物種の数が4年間で20パーセント増えたことがわかる。

(2) 　**正解**　1

　質問の訳　科学者が懸念していることは何ですか。

　選択肢の訳　**1**　熱帯雨林の消滅の速度が非常に速まっており，新薬の開発方法に悪影響が出る可能性がある。　**2**　熱帯雨林が地球上の生物多様性を維持するために重要な役割を担っていることを地元の人々は認識していない。　**3**　各国政府は希少種の植物が生息している熱帯雨林を保護する措置をとるのが遅い。　**4**　森林伐採の結果，アマゾン熱帯雨林は地球の気候をコントロールする力を失いつつある。

　ポイント　第2段落の第3～4文で，熱帯雨林に生息する植物の中には新薬の開発に重要な役割を果たすものもあり，そうした植物が消滅すれば，新薬の原料となるかもしれないものを失ってしまうかもしれないと述べている。

(3) 　**正解**　3

　質問の訳　BGCIが2017年に発表した調査結果で明らかになったのは，

　選択肢の訳　**1**　希少種の植物を育てる植物園がある国はごくわずかである。　**2**　熱帯雨林には，これまでに発見された全植物種の約3分の1が生息している。　**3**　世界各地の植物園は，絶滅の危機に瀕している植物種の保存に重要な役割を果たしている。　**4**　ほとんどの植物園は，これ以上多くの植物種を育て保存するのに十分な場所がない。

　ポイント　第3段落第2文で，世界の植物園は絶滅の危機にある植物種の約40パーセントを保存していると述べている。これは，第1文の the role botanic gardens play is becoming more important than ever を具体的に裏付ける調査結果と考えられる。

(4) 　**正解**　4

　質問の訳　植物園について研究者たちが話していることの1つは何ですか。

　選択肢の訳　**1**　植物園は人々に絶滅の危機に瀕している植物種について学びを深める良い機会を提供する。　**2**　各国がその国独自の植物園を所有し，その地域の植物を栽培・保存すべきである。　**3**　ヨーロッパおよび北米にある植物園は，もっと熱帯の植物を集めるべきである。　**4**　世界の植物園が協力して，より多くの絶滅危惧種の植物を保

存できるような仕組みが必要である。

ポイント 第4段落最終文で，build a global system so that botanical gardens around the world can cooperate to prevent plant species from going extinct「全世界の植物園が協力して植物種の絶滅を防ぐことができるように，世界的なシステムを構築する」ことが必要だという研究者の考えを述べている。

全訳 植物園の役割

科学者たちは，予想以上のスピードでより多くの植物種が消滅していると警告している。「世界植物種・菌種報告書2020」によると，世界の植物種の約40パーセントが絶滅の危機に瀕しているという。2016年の前回調査では約20パーセントの植物種が絶滅の危機に瀕していることが明らかになったが，それよりも20パーセント増加した。植物種の減少の主な原因は，自然破壊が続いていること，地球温暖化，地球規模の気候変動だ。

植物種への脅威は，熱帯雨林において特に深刻である。例えば，地球最大の熱帯雨林であるアマゾン熱帯雨林は，農業やほかの産業のスペースを確保するために急速に破壊されている。熱帯雨林には希少かつ貴重な植物が多く，その中には新薬の開発に非常に重要な役割を果たすものもある。科学者によって発見され，研究される前に植物種が絶滅してしまった場合，私たちは新薬の原料となるかもしれないものを永久に失ってしまうかもしれないと科学者たちは懸念している。

絶滅の危機に瀕した植物種が増えるにしたがって，植物園が果たす役割はこれまで以上に重要になってきている。植物園自然保護国際機構（BGCI）が2017年に発表した初の詳細な調査によると，世界の植物園は，これまでに人類が確認した植物種の約3分の1にあたる10万種以上を保有し，絶滅の危機にある植物種の約40パーセントを保存しているという。この植物保護を目的とする非営利組織は，世界の植物園の約3分の1を占める1,100以上の植物園のデータを分析した。

この調査結果はめざましいといえるが，同時に植物園が保有しているさまざまな植物種に欠けているものをも示している。科学者たちは，世界の植物の大半は熱帯に生息しているにもかかわらず，熱帯植物は植物園に保存されている植物のうちわずか25パーセントを占めるに過ぎないと指摘している。この理由は1つには，植物園の多くがヨーロッパおよび北米などの温帯地域に存在し，こうした地域では熱帯の植物を育てるのに専用の温室が必要となることにある。研究者たちは，全世界の植物園が協力して植物種の絶滅を防ぐことができるように，世界的なシステムを構築することが必要だと話している。

覚えよう！ ▶ **重要語句・表現**

is rapidly being destroyed「急速に破壊されている」

　※〈be動詞＋being＋過去分詞〉は現在進行形の受動態。

many rare and precious plants, some of which ...

　※whichは直前の名詞句（many rare and precious plants）を先行詞とする関係代名詞。

次の英文の内容に関する質問に対して最も適切なもの，または文を完成させるのに最も適切なものを1，2，3，4の中から一つ選びなさい。

Digitizing Libraries

These days, many academic libraries are digitizing their large collections of books in response to a growing demand. Once made available in digital format, books are much easier to access and organize than in printed format. During the process of digitizing books, tags and links are added to each book so that library users can search book databases by basic information such as authors, titles, subjects, and keywords. Not only that, but some digitized libraries provide search tools that allow users to search specific words, phrases, passages of text, or even images across the entire collection of digitized content.

In addition to advantages in searching the contents, digitizing a collection of books can partly solve a problem all libraries have in common. As long as libraries only have books in paper, their collection can be easily damaged or lost in natural or human-made disasters. In particular, fire protection is a major issue for all libraries. Many modern academic libraries have advanced fire detection systems, but they don't always work perfectly.

On the morning of April 18, 2021, a forest fire broke out on the slopes of Table Mountain in Cape Town the capital of South Africa. The fire spread to the neighboring buildings of the University of Cape Town, and damaged some parts of the Jagger Library badly, one of the most famous and precious libraries on the African continent. Thanks to the fire shutters, many works survived the fire, and some other works had already been preserved in digital format. However, the African Studies collection, a valuable collection of books, DVDs, and other works related to Africa, was largely destroyed in the fire or severely damaged by water during fire fighting.

The Jagger Library fire brought up an issue again about how collections in academic libraries can be protected from sudden disasters. Any library that owns archives of historic books and documents is taking all possible measures to keep them in the best and safest condition. However, disasters will happen. Generally, academic libraries with advanced fire protection systems are believed to be an ideal place to store books, but the Jagger Library fire teaches us a lesson that even such libraries cannot always save all their precious book collections from the threat of fire. If the whole collection has been preserved in digital format, the worst scenario may be avoided.

(1) These days, many academic libraries
    1 are experiencing a decline in the number of users as more students prefer to read books in digital format.
    2 allow students to access their book database from their smartphones anytime they like.
    3 spend more money buying digital contents rather than printed books.
    4 are converting their collection of books into a digital format to meet an increasing demand.

(2) What is a big problem all libraries have in common?
    1 They have to take measures against unexpected disasters such as fires.
    2 They can't afford to introduce a modern fire detection system to all floors.
    3 They must prevent any of their books from being stolen or damaged.
    4 They must always look for the latest information about what books to buy.

(3) What happened to the Jagger Library in April 2021?
    1 A fire that broke out in a room in the library destroyed the whole building.
    2 A wildfire destroyed large parts of a valuable collection of works about Africa.
    3 The building narrowly escaped the fire, but many books were damaged by water from fire engines.
    4 The fire shutters protected all the collections in the library from a forest fire.

(4) What lesson does the Jagger Library happening give to all academic libraries?
    1 They should back up their collection of books in digital format in case of fires and other disasters.
    2 They should conduct a fire drill periodically to make sure the fire detection system works as expected.
    3 They should avoid keeping archive materials in one place to prevent the loss of the whole collection.
    4 They should update the library buildings so that they can survive any kind of natural disaster.

(5) Which of the following statements is true?
    1 Scholars around the world are working to rebuild the Jagger Library.
    2 The whole book collection of the Jagger Library had been digitized before the disaster.
    3 Even a library with advanced fire protection systems may not always be able to protect its books from disasters.
    4 Most academic libraries can't afford to digitize all their collections of books.

(1) **正解** 4

質問の訳 最近では，多くの大学図書館が

選択肢の訳 **1** 電子版で本を読むことを好む学生が増えたため，利用者が減少している。 **2** 学生がいつでも好きなときにスマートフォンから蔵書データベースにアクセスできるようにしている。 **3** 活字版の書籍よりもデジタルコンテンツの購入により多くのお金をかけている。 **4** 増加する需要に対応するため，蔵書の電子化を進めている。

ポイント 第1段落第1文で，近年の大学図書館に見られる傾向として，are digitizing their large collections of books in response to a growing demand「高まる要望に応えるために膨大な蔵書を電子化している」ことを挙げている。

(2) **正解** 1

質問の訳 すべての図書館に共通する大きな問題とは何ですか。

選択肢の訳 **1** 火災などの不測の事態に対して対策をとることが必要である。 **2** すべてのフロアに最新式の火災探知機を導入する余裕はない。 **3** 本が盗まれたり傷つけられたりするのを防止しなければならない。 **4** どのような本を購入すべきかに関する最新の情報を常に探さなければならない。

ポイント 第2段落第2文で，紙媒体である蔵書を所有する図書館に共通する問題として，their collection can be easily damaged or lost in natural or human-made disasters「その蔵書は自然災害や人災で簡単に破損したり失われたりする可能性がある」ことを指摘している。

(3) **正解** 2

質問の訳 2021年4月，ジャガー図書館に何が起きましたか。

選択肢の訳 **1** 図書館の1室から出火した火災により建物が全焼した。 **2** 山火事により，アフリカに関する貴重な蔵書の大部分が失われた。 **3** 建物はかろうじて火災を免れたが，消防車の放水により多くの本が被害を受けた。 **4** 防火シャッターのおかげで図書館の蔵書すべてが山火事から守られた。

ポイント 第3段落第1～2文によれば，ジャガー図書館の火災の原因は，近隣で起きた森林火災（forest fire）である。また，第4文からthe African Studies collection「アフリカ研究コレクション」と呼ばれる貴重なコレクションの大部分が失われたことがわかる。

(4) **正解** 1

質問の訳 ジャガー図書館で起きた出来事は，すべての大学図書館にどのような教訓を与えていますか。

選択肢の訳 **1** 火災などの災害に備えて，蔵書を電子版でバックアップしておくべきである。 **2** 定期的に消防訓練を行い，火災探知機が想定通りに作動することを確認

すべきである。　**3**　コレクション全体の紛失を防ぐために，アーカイブ資料を１箇所に集めて保管することは避けるべきである。　**4**　図書館の建物を新しくして，どのような自然災害にも耐えられるようにすべきである。

ポイント　第４段落第４文後半の the Jagger Library fire teaches us a lesson that ... 以降の内容に着目する。最終文で，図書館が取るべき災害対策として，the whole collection has been preserved in digital format「すべての蔵書を電子版で保存しておく」ことを挙げている。

(5)　**正解**　3

質問の訳　次の記述のうち正しいものはどれか。

選択肢の訳　**1**　世界中の学者がジャガー図書館の再建に取り組んでいる。　**2**　ジャガー図書館の全蔵書は災害に見舞われる前に電子化されていた。　**3**　高度な防火設備がある図書館でも，その書籍を常に災害から守れるとは限らないだろう。　**4**　大部分の大学図書館は蔵書のすべてを電子化する余裕はない。

ポイント　第４段落第４文で，ジャガー図書館の火災は，高度な防火設備が整った大学図書館でも貴重な蔵書すべてを火災の脅威から守れるとは限らないという教訓を私たちに与えてくれると述べている。また，それを受けて続く最終文では，すべての蔵書が電子版で保存されていれば，最悪の事態を避けられるかもしれないと述べている。

全訳　図書館の電子化

　近年では多くの大学図書館で，高まる要望に応えるために膨大な蔵書を電子化している。電子版の書籍は，活字版よりもはるかにアクセスしやすく，また整理しやすい。電子化の過程で，各書籍にはタグやリンクが追加され，図書館の利用者は著者，タイトル，主題，キーワードなどの基本情報で書籍データベースを検索できるようになる。それだけではなく，特定の単語やフレーズ，ひとまとまりの文章，あるいは画像さえも，電子化された全コンテンツから縦横に検索できるツールを提供している図書館もある。

　蔵書の電子化は，コンテンツの検索の面でメリットがあることに加え，図書館が共通して抱える問題の一部を解決することができる。図書館が紙媒体の書籍だけを所有している限り，その蔵書は自然災害や人災で簡単に破損したり失われたりする可能性がある。特に防火対策はすべての図書館にとって大きな問題である。現代の大学図書館の多くは最新式の火災探知機を備えているが，それらはいつでも完璧に機能するとは限らない。

　2021年４月18日の朝，南アフリカの首都ケープタウンのテーブル・マウンテンの斜面で森林火災が発生した。火は隣接するケープタウン大学の建物にも燃え広がり，アフリカ大陸で最も有名で貴重な図書館の１つであるジャガー図書館の一部も大きな被害を受けた。防火シャッターのおかげで多くの著作物が焼けずに済み，また，すでに電子版で保存されていたものもあった。しかし，アフリカに関連する書籍やDVDなどの貴重なコレクションであるアフリカ研究コレクションは，火災で大部分が焼失または消火活動の際の放水によって大きなダメージを受けた。

　ジャガー図書館の火災は，大学図書館の蔵書を突然の災害からいかに守るかという問題を改めて提起することとなった。歴史的な書物や資料のアーカイブを所有している図

書館はすべて，それらを最良かつ最も安全な状態で保管するために万全を期している。しかし，災害は起こるものである。一般に，高度な防火設備が整った大学図書館は本を保管するのに理想的な場所と考えられているが，ジャガー図書館の火災は，そのような図書館さえ貴重な蔵書すべてを火災の脅威から常に守ることはできないという教訓を私たちに与えてくれる。すべての蔵書が電子版で保存されていれば，最悪のシナリオは避けられるかもしれない。

長文の内容に関する問題［C］・2

次の英文の内容に関する質問に対して最も適切なもの，または文を完成させるのに最も適切なものを1，2，3，4の中から一つ選びなさい。

Friendly to Birds?

Today, many countries are introducing wind power as one of the best options to generate electricity in an environmentally friendly way. Wind power plants, often called "wind farms," use wind turbines with gigantic blades to turn wind power into electricity. When we see wind turbines in operation, the turbine blades appear to be turning slowly. In fact, they are rotating very fast — at a speed of up to 160 to 290 kilometers per hour. Critics say that those turbine blades are posing a threat to wildlife, especially birds.

Every year, a large number of birds are killed by wind turbines around the world. The U.S. Fish and Wildlife Service (USFWS) estimates that the number of bird victims amounts to 140,000 to 500,000 birds per year in the U.S. alone. Many of them are high-flying raptors, including golden eagles and bald eagles, both of which are protected under U.S. federal law. Environmentalists have pointed out that the threat from wind turbines is especially serious to raptors since the Altamont Pass wind farm in Northern California went into operation in the early 1980s. The wind farm raised severe criticism because the site had been decided upon without carefully researching the habitats of raptors and other birds beforehand.

Raptors usually build their nests high up in the trees to be safe from other wild animals. Nests at a higher elevation also give them a good advantage in seeing what's going on around them. Wind turbines as well as power line towers attract many raptors because these high structures provide them with ideal places to watch their surroundings when they hunt for prey. However, not all raptors that try to perch on wind turbines in operation are lucky enough to survive the threat of the spinning blades.

Wind farms are usually built at sites with ideal wind patterns so that they can achieve the best performance. Unfortunately, those wind patterns are also good for raptors which try to take advantage of wind currents for hunting and traveling. Moreover, many of the wind farms that have been built so far overlap with raptors' habitats or hunting grounds. Now, wildlife conservationists argue that the sites for wind farms should be chosen carefully so that they do not overlap with wild bird habitats.

(1) What is one big problem with wind farms?

   1 The noise from wind farms in operation is disturbing local residents' lives.

   2 Wind turbine blades, which rotate very fast, are a big threat to wild birds.

   3 Wind turbines are spoiling beautiful landscapes with their gigantic blades.

   4 Too many wind farms are being built without enough environmental surveys beforehand.

(2) The Altamont Pass wind farm was criticized in the 1980s because

   1 the site was not reserched carefully.

   2 it failed to achieve expected performance due to mechanical problems.

   3 the wind turbine blades did not meet the structural requirements.

   4 the location was selected without getting consent from local residents.

(3) Raptors

   1 seldom get close to artificial structures such as power line towers.

   2 don't care about the spinning blades if they can keep other wild animals from their nests.

   3 usually go hunting for prey when the winds are blowing hard.

   4 have a habit of perching on high places to get a full view of their surroundings.

(4) What is one reason the threat from wind turbines is serious to raptors?

   1 Raptors have a very strong curiosity, so they often perch on wind turbines.

   2 Many raptors are attracted to the rotating noise wind turbines make.

   3 The sites of wind farms often cover the same areas as raptors' habitats.

   4 Wind turbines appear to be rotating very slowly to raptors' eyes.

(5) Which of the following statements is true?

   1 In the U.S., wind turbines are killing many raptors, including two protected species.

   2 The latest models of wind turbines stop rotating when they detect approaching birds.

   3 The number of bird deaths due to wind turbines in the U.S. has been decreasing every year since the early 1980s.

   4 Usually, the sites for wind farms are chosen carefully, avoiding the habitats of wild birds.

［ 解答とポイント ］

(1) **正解** 2

質問の訳 風力発電所が抱える大きな問題とは何か。

選択肢の訳 **1** 稼働中の風力発電所からの騒音のために地域住民の生活に支障が出ている。 **2** 風力タービンのブレードは非常に高速で回転しているため，野鳥にとって大きな脅威となっている。 **3** 風力タービンはその巨大なブレードで美しい景観を損なっている。 **4** 事前に十分な環境調査をせずに建設される風力発電所が多すぎる。

ポイント 第1段落第3～5文で，風力発電のブレード（羽根）は，ゆっくり回っているように見えても，実際は非常に高速で回転しており，are posing a threat to wildlife, especially birds「野生動物，特に鳥類に脅威を与えている」と述べている。

(2) **正解** 1

質問の訳 1980年代にアルタモント峠風力発電所が批判された理由は，

選択肢の訳 **1** （建設）場所が慎重に調査されなかった。 **2** 機器の問題により期待された性能を発揮できなかった。 **3** 風力タービンのブレードが構造上の要件を満たしていなかった。 **4** 地元住民の十分な同意を得ずに建設場所が選ばれた。

ポイント アルタモント峠風力発電所が批判された理由として，第2段落最終文で，the site had been decided upon without carefully researching the habitats of raptors and other birds beforehand「事前に猛禽類やほかの野鳥の生息域を慎重に調査することなく場所が決められた」ことを挙げている。

(3) **正解** 4

質問の訳 猛禽類は，

選択肢の訳 **1** 送電線の鉄塔のような人工の構造物にはめったに近づかない。 **2** ほかの野生動物を巣から遠ざけておくことができれば，回転するブレードは気にしない。 **3** たいていは風が強いときに獲物を狩りに行く。 **4** 高いところに止まって周囲をよく観察する習性がある。

ポイント 第3段落第1～3文で，猛禽類は木の高いところに巣を作り，また送電線の鉄塔や風力タービンなどの高い構造物の上にとまって，「周囲を観察する」（watch their surroundings）習性があると述べている。

(4) **正解** 3

質問の訳 猛禽類にとって風力タービンの脅威が深刻である理由は何か。

選択肢の訳 **1** 猛禽類は好奇心がとても強いので，よく風力タービンに止まる。 **2** 風力タービンの回転音に引き寄せられる猛禽類が多い。 **3** 風力発電所が建てられている場所は，しばしば猛禽類の生息地と同じ地域である。 **4** 猛禽類の目には，風力タービンは非常にゆっくりと回転しているように見える。

ポイント 第4段落第3文で，これまでに建設された風力発電所の問題点として，その

多くは建設地が overlap with raptors' habitats or hunting grounds「猛禽類の生息地や狩りをする場所と重なっている」ことを挙げている。

(5) 　**正解**　1

質問の訳　次の記述のうち正しいものはどれか。

選択肢の訳　1　アメリカ国内では風力タービンによって2種の保護種を含む多くの猛禽類が命を落としている。　2　最新型の風力タービンは鳥の接近を感知すると回転を停止する。　3　アメリカ国内における風力タービンによる鳥の死亡数は，1980年代初頭から年々減少している。　4　通常，風力発電所の建設地は野鳥の生息地を避けて慎重に選ばれる。

ポイント　第2段落第3文から，アメリカ国内で風力タービンの犠牲となる鳥の中に are protected under U.S. federal law「アメリカの連邦法で保護されている」イヌワシやハクトウワシも含まれていることがわかる。

全訳　鳥に優しい？

　現在，環境にやさしい最良の発電方法の1つとして，多くの国で風力発電が導入されつつある。風力発電所は，しばしば「ウィンドファーム」とも呼ばれ，巨大なブレード（羽根）を持つ風力タービンを使って，風力を電気に変える。稼働中の風力タービンを見ると，風車のブレードはゆっくり回っているように見える。しかし，実際には最高時速160～290キロメートルと非常に高速で回転しているのである。この風車のブレードが，野生動物，特に鳥類に脅威を与えているという批判がある。

　毎年，世界中で多くの鳥が風力タービンによって命を落としている。合衆国魚類野生生物局（USFWS）の推計では，犠牲となる鳥の数はアメリカ国内だけで毎年14万～50万羽に上るという。その多くは飛翔高度の高い猛禽類であり，その中にはアメリカの連邦法で保護されているイヌワシやハクトウワシも含まれる。1980年代前半にカリフォルニア州北部のアルタモント峠風力発電所が操業を開始して以来，風力タービンによる脅威は特に猛禽類にとって深刻だと環境保護論者は指摘してきた。この風力発電所が，事前に猛禽類やほかの野鳥の生息域を慎重に調査することなく場所を決めたために，厳しい批判が巻き起こった。

　猛禽類は通常，ほかの野生動物から身を守るために，木の高いところに巣を作る。より高いところに巣を作ることには，周囲の状況を把握しやすいという利点もある。送電線の鉄塔，そして風力タービンもまた多くの猛禽類を引き寄せる。というのは，これらの高い建造物は，猛禽類が獲物を狙う際，周囲を観察するのに最適な場所を提供してくれるからである。しかし，稼働中の風力タービンに止まろうとする猛禽類のすべてが，運良く回転するブレードの脅威から生き残るわけではない。

　風力発電所は，最高の性能を発揮するために，理想的な風のパターンを持つ場所に建設されるのが一般的である。不幸なことに，そうした風のパターンは，狩猟や移動に適した風の流れを利用しようとする猛禽類にとっても好都合なのである。そのうえ，これまでに建設された風力発電所の多くは，猛禽類の生息地や狩りをする場所と重なっている。現在，野生動物保護活動家は，野鳥の生息地と重ならないように風力発電所の場所

説明文は，書かれている社会問題や歴史的事実などを学ぶつもりで読みましょう。関心を持つことは，文章をより深く読み取ることにつながります。

覚えよう！ **重要語句・表現**

environmentally friendly「環境に優しい」
　※eco-friendly や green もほぼ同じ意味で用いられる。
turn *A* into *B*「AをBに変える［変換する］」　※≒convert *A* into *B*
in operation「稼働中の」
appear to *do*「〜するように見える」
rotate「回転する」
up to 〜「最高〜まで」
Critics say that 〜「〜という批判がある」
a large number of 〜「多くの〜」　※a small number of 〜「少数の〜」
estimate that 〜「〜と推測する」
golden eagles and bald eagles, both of which ...
　※which は直前の2つの名詞（句）の両方を先行詞とする関係代名詞。
point out「〜を指摘する」
go into operation「操業［稼働］を開始する」
habitat「（生物の）生息域」
give 〜 a good advantage in *doing*「…するうえで〜に優位性を与える」
A as well as *B*「BだけでなくAも」　※*A* に力点が置かれる。
not all raptors ... are lucky to 〜「すべての猛禽類が運良く〜するわけではない」
　※部分否定
so far「これまでのところ（では）」　※しばしば現在完了形とともに用いる。

長文を読む時は，1文1文日本語に訳していくのではなく，段落ごとの要旨をつかむことに重点を置くのがポイントです。74ページの英文を使って，段落ごとに要旨をまとめてみましょう。

第1段落

　①Scientists warn that more plant species are disappearing faster than they had expected. ②The State of the World's Plants and Fungi 2020 report says that about 40% of the world's plant species are threatened with extinction. ③It is a 20% increase from the previous research in 2016, which revealed that about 20% of plant species were at risk of extinction. ④The decline in the number of plant species is mostly due to the continuing destruction of nature, global warming, and global climate change.

①　「予想以上のスピードでより多くの植物種が消滅している」という科学者の警告。
　　第1段落のトピックセンテンス（段落の中心主題を簡潔に述べている文）。
　　＊トピックセンテンスは，各段落の第1文または第2文に来ることが多い。
②③　絶滅の危機に瀕している植物種の割合を2016年と2020年で比較。2016年調査では約20%→2020年調査では約40%で，倍増。
④　植物種の減少の主な原因は自然破壊，地球温暖化，地球規模の気候変化。

要旨 世界の植物種が予想以上のスピードで消滅しており，その主な原因は自然破壊，地球温暖化，地球規模の気候変化である。

第2段落

　①The threat to plant species is especially serious in tropical rainforests. ②For example, the Amazon rainforest, the largest tropical rainforest on Earth, is rapidly being destroyed in order to make room for farming and other industries. ③Tropical rainforests are home to many rare and precious plants, some of which play a very important role in developing new drugs. ④Scientists are concerned that if plant species become extinct before they are found and studied by scientists, we may lose potential sources of new drugs forever.

①　「植物種への脅威は特に熱帯雨林において深刻である」。第1段落で提示された主題の展開。
②　For exampleは〈例示〉の談話標識。アマゾン熱帯雨林で進む森林破壊を例示。
③，④　熱帯雨林に生息する植物種が重要である理由→希少価値が高く，新薬の開発に重要な役割を果たすものもある。植物種の消滅によって，新薬開発の可能性が失われるかもしれない。

要旨 植物種への脅威は特に熱帯雨林において深刻であり，植物種の消滅によって新薬開発の可能性が失われることを科学者は懸念している。

Part 4

ライティング（大問４）

大問４は英語で与えられたトピックに対する自
分の意見を，理由を含めて英語で書く問題。
自分の考えを英語で書く力が問われる。

ライティング

設問形式と傾向

- ・大問4は与えられたトピックに関する質問に，自分の意見を理由を2つ含めて英語で書く問題。
- ・トピックを表す1文と質問1文，理由を書く際の参考となる観点を示すPOINTSが3つ示される。POINTS以外の観点から理由を書いてもよい。
- ・語数の目安は80〜100語。

例 TOPIC

Some people in cities like country life better than city life. Do you think more people should move to the countryside?

POINTS
- ● *Economy*
- ● *Local community*
- ● *The environment*

訳 トピック 都会の暮らしよりも田舎での暮らしを好む都会の人がいます。あなたはさらに多くの人々が田舎に移るべきだと思いますか。

ポイント ●経済　　●地域社会　　●環境

対策

- ・トピック，質問内容，ポイントを正しくつかむ。
- ・質問に対する自分の意見をはっきりさせる。
- ・自分がそう考える理由を2つ書く。
- ・目安の語数を大きく下回ったり上回ったりしないように書く。

ここがポイント！

❶ 減点の対象または0点となる場合を押さえる

大問4では，次のような場合に減点されるか，0点とされるので，注意が必要。
- ・質問内容に対応していない。
- ・自分の意見と矛盾する理由や説明がある。

例：「さらに多くの人々が田舎へ移るべきだ」という意見を書いているが，その後に，「都会での暮らしの方が便利だ」のように最初の意見に反する内容を書いている。

・英語ではない単語を使っている。
　例：ローマ字でsenpai（先輩）と書いているが，an older friend of mineのような英語での説明がない。

・個人の事情や経験のみを書いている。
　例：「オンラインでの買い物は増えると思うか」という質問に，「自分はインターネットを利用することが好きだ」といった個人的な事情を理由としている。

・理由に対する説明や補足がない。
　例：「語学学習は大切だと思うか」という質問に，単に「外国人と友達になりたい」という理由を書くだけで，「語学学習がなぜ大切か」といった補足がなく，説得力に欠ける。

・質問内容や自分で答えた理由と関係のないことを書いている。
　例：**例**の質問に対して，「子供の健康に良い影響がある」という理由を書くのは良いが，「子供は元気に外で遊ぶべきだ」などと直接関連のないことを書いている。

❷　文法的なミスに注意する

　文法上のミスは気づかない場合も多いが，動詞に3人称・単数・現在のsは必要か，時制は現在か過去か，単数形か複数形か，といった基本的なことは必ずチェックしよう。また，無理に難しい表現を使う必要はないので，自信が持てそうな平易な表現を心がけよう。

❸　自然な流れにまとめる

　単に，自分の意見，その理由を並べるだけではなく，理由を表すつなぎ言葉などを使いながら，不自然な流れにならないように注意する。基本的には，次の構成を心がけると良いだろう。

　①　質問に対する自分の意見をはっきり書く。
　②　理由が2つあることを書く。
　③　1つ目の理由と補足説明を書く。
　④　2つ目の理由と補足説明を書く。
　⑤　最初に書いた自分の意見を，別の形で繰り返して締めくくる。
　　p.98を参考にして，自然な流れの英文を書くうえで使える表現を覚えよう。

● 以下の TOPIC について，あなたの意見とその<u>理由を 2 つ</u>書きなさい。

● POINTS は理由を書く際の参考となる観点を示したものです。ただし，これら以外の観点から理由を書いてもかまいません。

● 語数の目安は 80 語〜 100 語です。

● 解答が TOPIC に示された問いの答えになっていない場合や，TOPIC からずれていると判断された場合は，<u>0 点と採点されることがあります。</u>TOPIC の内容をよく読んでから答えてください。

QUESTION 1

TOPIC

Today, many Japanese people use their own eco-bags instead of plastic shopping bags. Do you think the number of these people will increase in the future?

POINTS

● *Waste*

● *The environment*

● *Cost*

［解答とポイント］

QUESTION 1

TOPIC の訳 最近，多くの日本人はレジ袋の代わりに自分用のエコバッグを使用しています。今後，このような人たちが増えていくと思いますか。

POINTS の訳 ●ごみ，廃棄物 ●環境 ●コスト

解答例1 The number of Japanese people who use their own eco-bags will increase in the future. First, these days, people realize that using eco-bags is good for the environment. They believe that if they stop using plastic shopping bags from checkout counters, it will help reduce the amount of waste. Second, using eco-bags will save people money in the long run. Most eco-bags are made of strong material, so they can be washed and used over and over again for months or even years. In summary, more and more Japanese people will use their own eco-bags when shopping in the future. （100 words）

解答例の訳 今後，マイ・エコバッグを使う日本人の数は増えていくでしょう。第一に，最近，人々はエコバッグを使うことは環境に良いということを認識しています。レジでもらうレジ袋を使うのをやめれば，ごみの量を減らすことができると考えているのです。第二に，エコバッグを使うことは，長い目で見ればお金の節約になります。大部分のエコバッグは丈夫な素材でできているので，数か月間，あるいは数年間にもわたって何度も洗って使うことができます。結論としては，今後はますます多くの日本人が買い物の際に自分のエコバッグを使用するようになるでしょう。

解答例2 I don't think the number of Japanese people who use their own eco-bags will increase in the future. First, in Japan, shoppers can get plastic shopping bags at checkout counters for a very small amount of money. As a result, many people feel they don't need eco-bags for shopping. Second, many people are aware that plastic shopping bags can be reused for many different purposes. For example, they are convenient as trash bags or for storing some small items. For these two reasons, I don't think that the number of eco-bag users will increase greatly in Japan. （97 words）

解答例の訳 今後，マイ・エコバッグを使う日本人の数が増えるとは私は思いません。第一に，日本では，買い物客はレジでごくわずかなお金を払うだけでレジ袋がもらえます。その結果，多くの人は買い物にエコバッグは必要ないと感じています。第二に，多くの人々はレジ袋がさまざまな用途に再利用できることを知っています。例えば，それらはゴミ袋として，あるいはちょっとした小物を入れておくのに便利です。この2つの理由から，日本ではエコバッグの利用者が大きく増えることはないと考えます。

ポイント まず賛成／反対のどちらの立場で意見をまとめるかを決める。英文は，賛成／反対の立場の表明→理由の1つ目とその補強→理由の2つ目とその補強→結論という文章構成でまとめると良い。

QUESTION 2
TOPIC

Today, many parents get their children to start learning English at an early age. Do you think this is a good idea?

POINTS
● *Flexibility*
● *Stress*
● *Motivation*

QUESTION 2

TOPIC の訳　今日では，多くの親が子供に早い時期から英語を習わせています。あなたはこれが良い考えだと思いますか。

POINTS の訳　●柔軟性　●ストレス　●動機付け，意欲

解答例1　I think it is a good idea for parents to get their children to start learning English at an early age. To begin with, young children are well suited to learning a foreign language. Their brains are flexible enough to pick up English words and phrases at a surprising speed and without much stress. Second, these days, many kinds of English learning tools are available for young children. Those tools allow children to enjoy learning English. For these two reasons, I think it is good for young children to start learning English as early as possible. (96 words)

解答例の訳　私は，親が早い時期から子供に英語を学ばせるのは良い考えだと思います。まず第一に，幼い子供は，外国語を学ぶのに十分適しています。彼らの脳は柔軟なので，驚くほどのスピードで，しかも大したストレスなしに英語の単語や語句を覚えることができます。第二に，最近はさまざまな種類の幼い子供向けの英語学習ツールが利用できます。そうしたツールを使うことによって，子供たちは英語を楽しみながら学ぶことができます。この2つの理由から，私は幼い子供はできるだけ早くから英語を学び始めるのが良いと思います。

解答例2　I don't think it is a good idea for parents to get their children to start learning English at an early age. First, parents should let their children concentrate on acquiring their mother language. Even if children have flexible brains, their capacity to learn is not limitless. Second, some parents force their children to learn a foreign language just because it is necessary for their future career. It is very stressful for young children to learn something without their own motivation. In conclusion, I don't think it is good for young children to start learning English at early ages. (99 words)

解答例の訳　私は，親が早い時期から子供に英語を学ばせるのは良い考えだとは思いません。第一に，親は子供たちを母国語の習得に専念させるべきです。たとえ子供の脳が柔軟だとしても，学ぶ能力は無限ではありません。第二に，一部の親は，単に将来のキャリアに必要だからという理由で，子供たちに無理やり外国語を学ばせています。幼い子供にとって，自分自身の意欲なしに何かを学ぶことは，大きなストレスとなります。結論として，私は幼い子供が早い時期から英語を習うのは良いことではないと思います。

ポイント　第2文以降では，POINTS で与えられた3つの観点を参考にして，第1文で表明した賛成／反対の理由・根拠を2つ示す。その際，First, ... Second, ...のように列挙の談話標識（ディスコース・マーカー）を使って，論点を整理しながらまとめると良い。POINTS で示されている名詞は派生語や別の表現に適宜言い換えてかまわない。

QUESTION 3

TOPIC

It is often said that people throw away too much food. Do you agree with this opinion?

POINTS

● *Waste*

● *The environment*

● *Shortage*

QUESTION 3

TOPIC の訳　人々があまりにも多くの食べ物を捨てているとよく言われます。あなたはこの意見に賛成ですか。

POINTS の訳　●むだ　●環境　●不足

解答例1　I agree that many people throw away too much food. First, many people buy more food than they can consume. They should realize that if they buy too much food at one time, there is a risk that it will be wasted. Second, many people worry too much about the best-before dates of food. As a result, a great amount of food is thrown away without being eaten. Not only is it a waste of money, but it is also bad for the environment. In conclusion, I think every family should think about how to live without throwing away food. （100 words）

解答例の訳　私は，あまりにもたくさんの食料品を捨てている人が多いという意見に賛成です。第一に，多くの人たちは食べ切れないほどの食料品を買っています。食料品を一度に買いすぎると，それが無駄になる恐れがあることを彼らは認識すべきです。第二に，多くの人々は賞味期限を気にしすぎます。その結果，大量の食料品が食べられることなく捨てられています。これはお金が無駄になるだけでなく，環境にも良くありません。結論として，食べ物を捨てずに生活する方法をどの家庭でも考えるべきだと思います。

解答例2　I don't agree that many people throw away too much food. I have two reasons for this opinion. First, many people realize that nearly 0.7 billion people around the world don't have enough food to eat each day. Many of them participate in activities that give surplus food to the poor by reducing food loss. Second, these days, many shops and restaurants are making an effort to reduce food loss. They believe food loss is not only a waste of food and money, but is bad for the environment. For these two reasons, I don't agree with this opinion. （99 words）

解答例の訳　私は，あまりにもたくさんの食料品を捨てている人が多いという意見には賛成しません。私がこのように考える理由は2つあります。第一に，多くの人々は，世界中で7億人近くの人々が毎日十分な食事を確保できていないことを知っています。彼らの中には，食品ロスを減らすことで余った食品を貧しい人々に与える活動に参加している人々も多くいます。第二に，最近では，多くの店やレストランが食品ロスを減らそうと努力しています。彼らは，食品ロスは食べ物やお金の無駄になるだけでなく，環境にも悪いと考えています。この2つの理由から，私はこの意見には賛成できません。

ポイント　最終文では，For these two reasons「以上の2つの理由から」やIn conclusion「結論として」などの語句を使って，賛成／反対の立場を改めて表明する。第1文の繰り返しにならないように，別の表現で言い換えたり，簡潔に要約したりして工夫しよう。

覚えよう！　**重要語句・表現**

in the long run「長い目で見れば」　　a small amount of ～「少量［少額の］の～」
to begin with「まず最初に」　　　　　〈force＋O＋to do〉「Oに無理矢理～させる」
food loss「食品ロス」　　　　　　　　make an effort to do「～するよう努力する」

2級の大問4では，TOPICに示された英語の質問に答える形で，POINTSに与えられた3つの観点を参考にしながら，自分の意見とその理由を2つ，80語～100語の英文で書きます。

ポイント　まず，英語の質問内容を正しくつかんだうえで，次のような構成で英文をまとめるとよいでしょう。

主張		賛成／反対の立場で，自分の意見を述べる。
理由1		なぜそう思うのか，1つ目の理由を述べる。
	補足	1つ目の理由の具体例や補足する事実などを述べる。
理由2		なぜそう思うのか，2つ目の理由を述べる。
	補足	2つ目の理由の具体例や補足する事実などを述べる。
主張（再掲）		第1文で表明した賛成／反対の意見を改めて述べる。

☆まずTOPICのDo you think[agree] ～?などの質問に対して，賛成／反対どちらの立場で意見をまとめるかを書きましょう。

Do you think ～? → I (don't) think[agree] ～. / I (don't) think it is a good idea that ～.などで答える。

☆談話標識を有効に使いましょう。

（理由1）First / Firstly「第一に」/ First of all「まず第一に」

（理由2）Second / Secondly「第二に」，In addition「加えて」，Also「また」

（補足）For example「例えば」，In other words「言い換えれば」，In fact「実は」

☆最後の文では，1文目と全く同じにならないように表現を変えましょう。語数に余裕がない場合は，For these two reasons, I (don't) agree with this opinion.のように締めくくることもできます。

☆文法上の誤りやスペルミスは減点の対象になります。確実に使いこなせる文法・語彙を使いましょう。

練習法　TOPICは，1文目で最近よく話題になる社会問題や動向を示し，2文目でそれについての「あなた」の意見を求める形式です。（例）「ボランティア活動に参加する人が今後増えると思うか」「公共施設で多くの照明が使用されているのは良いことだと思うか」など。

日頃から，新聞やテレビ，インターネットで目にした身近な話題について，自分の意見を賛成／反対両方の立場から，具体的な理由を挙げながらまとめる練習をしておきましょう。練習の際は，まず日本語で全体の流れやキーワードをメモしてから書き始めると良いでしょう。

英作文のテーマは，二次試験のNo 3とNo. 4の内容と共通点が多いので，二次試験で過去に出題されたテーマで練習をするのも効果的です。

Part 5

リスニング

リスニングは2部構成。第1部では会話文，第2部では物語文，説明文，公共の場でのアナウンスなどが放送される。

リスニング問題

2級のリスニング問題

・2級のリスニング問題は2部構成。第1部では会話文，第2部では物語文，説明文，公共の場でのアナウンス，ラジオ放送などが放送される。
・会話文では家庭，学校，職場などでの日常的なやりとりが放送される。物語文では，ある架空の人物の日常生活，経験，計画，希望などを物語風にまとめたものが中心。
・説明文は，歴史上の人物や出来事，科学・文化・スポーツ・地域などに関するもの。
・アナウンスは空港や店内，会場などで放送される案内など。ラジオ放送では，地域の紹介や交通情報など。
・英文はすべて1回しか読まれない。

第1部

設問形式と傾向

・50語前後の対話を聞いて，その内容に関する質問を聞いて適する答えを，問題用紙に印刷されている4つの選択肢から選ぶ。全15問。

ここがポイント！

❶ 先に選択肢に目を通す
　放送を聞く前に，印刷されている選択肢に目を通そう。選択肢から質問内容を推測できる場合が多いので，注意して聞き取るべき点をつかむことができる。

❷ 質問のパターンに慣れる
　質問にはいくつか決まったパターンがあるので，それらをある程度覚えておけば質問内容を理解しやすくなる。

❸ 言い換えの表現に注意する
　普通，選択肢では会話文に出た表現が別の形で表されているので，単純に会話に出た表現と同じ語句があるものを選ぶと間違えることになる可能性が高い。

第2部

設問形式と傾向

・物語文（人物の日常的な出来事を述べたものが中心），説明文，アナウンスを聞いて，その内容に関する質問を聞いて適する答えを，問題用紙に印刷されている4つの選択肢から選ぶ。語数の目安は50～60語。全15問。

ここがポイント！

❶ 放送内容の特徴をつかむ

第2部でも，「先に選択肢に目を通す」，「質問のパターンに慣れる」，「言い換えの表現に注意する」ことが重要。その他，物語，説明文，アナウンスそれぞれの特徴を押さえておこう。

・物語 「時」，「場所」を表す語句に注意しながら，人物の行動と心情を聞き取る。
・説明文 第1文で話題をつかみ，談話標識に注意しながら，論理の展開を聞き取る。
・アナウンス アナウンスが行われる場所（空港，商業施設，学校，ラジオ局など）をつかもう。商業施設ならばセールの案内というように，アナウンスが行われる場所によって放送の内容に特徴がある。

❷ 固有名詞に注意する

特に説明文では，土地や人名などで聞きなれない固有名詞が出てくる場合がある。発音を正確に聞き取る必要はないが，人名なのか，地名なのかということを理解するよう聞き取ることが重要になる。

> 言語を習得するうえで「聞く」ことは基本中の基本です。テレビ，ラジオ，CD など，生の英語を聞く機会はたくさんあります。そうした機会をどん欲に利用しましょう。

※本書付属のCDのトラック番号 ((CD 1)) では，CDに収録されている内容が紹介されています。リスニング問題，二次試験，予想模試の音声は ((CD 2)) 以降に収録されています。

対話を聞き，その質問に対して最も適切なものを 1，2，3，4の中から一つ選びなさい。

No. 1

CD 2

1 Baking a cake for their father.
2 Arranging a birthday party for their father.
3 Buying a gift for their father's birthday.
4 Asking their father to raise their allowance.

No. 2

CD 3

1 She has decided to quit her job.
2 She can't work overtime for a while.
3 She wants to move to another department.
4 She has to go into the hospital.

No. 3

CD 4

1 Change the schedule for the meeting.
2 Print out all the documents.
3 Copy all the documents for the meeting.
4 Check for errors in the documents.

No. 4

CD 5

1 Look up the town online.
2 Call a tourist agency.
3 Reserve a room at a hotel.
4 Talk to their children.

No. 5

CD 6

1 The Turkish course is no longer available.
2 The lessons are too expensive.
3 She doesn't like the school's coaching staff.
4 The school is far from the station.

No.1 **正 解** 3

放送文 *A:* Dad's birthday is drawing near. Did you get a gift for him yet, Paula? *B:* No, not yet. I don't have enough allowance left to buy an expensive gift for him. What would be good? *A:* He was saying his wallet was getting old. Why don't we buy a new one for him together? *B:* Oh, that's a good idea. Thanks, Craig.

Question: What are Craig and Paula talking about?

全訳　　A：もうすぐお父さんの誕生日だね。ポーラ，きみはもうお父さんへのプレゼントを買ったの？　B：ううん，まだよ。高い贈り物を買うにはお小遣いが足りないし。何がいいかしら。　A：お父さんは，財布が古くなってきたって言ってたよ。ぼくら2人で新しい財布を買ってあげたらどうかな？　B：あら，それはいいわね。ありがとう，クレイグ。

質問の訳　　クレイグとポーラは何について話していますか。

選択肢の訳　**1**　父親のためにケーキを焼くこと。　**2**　父親のために誕生日パーティーを準備すること。　**3**　父親の誕生日に贈り物を買うこと。　**4**　父親にお小遣いを増やしてくれるように頼むこと。

ポイント　A（＝Craig）は1回目の発言で，Did you get a gift for him(=Dad) yet, Paula? と尋ねている。Aの2回目の発言に出てくるa new oneはa new walletのこと。

No.2 **正 解** 2

放送文 *A:* Mr. Jackson, I'd like to talk to you about my working hours. *B:* Sure, Becky. What's it about? *A:* My mother is going to be hospitalized for two weeks. I'm afraid I can't work overtime until she comes back home. *B:* Oh, that's too bad. I understand how you feel. I'll have Bill and Janice share some of your work until your mother fully recovers.

Question: What do we learn about the woman?

全訳　　A：ジャクソンさん，私の勤務時間のことでご相談したいのですが。　B：いいとも，ベッキー。何だね。　A：私の母が2週間入院する予定なのです。母が退院して家に戻るまで，残業ができないと思うのですが。　B：おお，それはたいへんだね。きみの気持ちはわかるよ。お母様が全快されるまで，ビルとジャニスにきみの仕事の一部を分担してもらおう。

質問の訳　　女性について何がわかりますか。

選択肢の訳　**1**　彼女は仕事を辞めることにした。　**2**　彼女はしばらく残業できない。　**3**　彼女は別の部署に移りたい。　**4**　彼女は入院しなければならない。

ポイント　A（＝Becky）は2回目の発言で，母親が入院するという事情を話して，B（＝Mr. Jackson）にI can't work overtime until she comes back homeと伝えている。

No.3 正解 4

放送文 *A:* Brad, have you finished your work on the documents for the sales meeting? *B:* I'm almost done, Mrs. Lawrence. I just need to check some small errors in them. *A:* OK. I'll check to see if all the sales figures are correct. *B:* Wonderful. I'll bring you all the documents as soon as I finish them.

Question: What does the woman say she will do?

全訳 A：ブラッド，営業会議のための資料の仕事は終わったの？　B：ほとんど終わっています，ローレンスさん。あとは小さな誤りがないか確認するだけです。　A：わかったわ。売り上げの数字がすべて正しいかどうか私のほうで見てチェックするわ。B：いいですね。仕上がり次第，資料一式をお持ちします。

質問の訳　女性は自分が何をすると言っていますか。

選択肢の訳　**1** 会議の予定を変更する。　**2** 資料一式を印刷する。　**3** 会議のために資料一式をコピーする。　**4** 資料の誤りをチェックする。

ポイント　B（＝Brad）に営業会議資料の進捗状況を確認したA（＝Mrs. Lawrence）は，2回目の発言でI'll check to see if all the sales figures are correct.と話している。

No.4 正解 1

放送文 *A:* Honey, let's talk about our family trip this summer. *B:* Sure. Do you have any good ideas? *A:* How about spending a week in Banff? It's a town within a national park in the Canadian Rockies. Let's collect information about Banff online. *B:* Oh, that sounds interesting! We've never been there.

Question: What will the couple do next?

全訳 A：あなた，今年の夏の私たちの家族旅行について相談しましょうよ。　B：いいよ。何かいいアイディアはあるかい？　A：バンフで1週間を過ごすのはどうかしら。カナディアン・ロッキーの国立公園の中にある町なの。ネットでバンフの情報を集めましょうよ。　B：おお，それはおもしろそうだね！　ぼくたちはそこに行ったことがないからね。

質問の訳　夫婦はこのあと何をしますか。

選択肢の訳　**1** ネットで町を調べる。　**2** 旅行代理店に電話する。　**3** ホテルに部屋を予約する。　**4** 彼らの子供たちと話す。

ポイント　A（＝女性）が夏の家族旅行の目的地としてバンフ（Banff）を提案し，ネットでその町の情報を集めようと提案したのに対して，B（＝男性）もOh, that sounds interesting!と言っている。

No.5 正解 2

放送文 *A:* Welcome to AMS Language School. How may I help you? *B:* I saw your ad in the newspaper, and I'm interested in your Turkish lessons. How much are they? *A:* Not too many people want to learn Turkish, so our professional coaching staff is giving private lessons. They're $50 an hour. *B:* Oh, that's a bit too expensive for me. I thought of learning the language before I visit Turkey, but I can't afford that.

Question: Why won't the woman study Turkish at the language school?

全訳 　Ａ：AMS語学スクールへようこそ。ご用件は何でしょうか。　Ｂ：こちらの学校の広告を新聞で見ました。トルコ語のレッスンを受けたいと思っているのです。授業料はおいくらでしょうか。　Ａ：トルコ語を学びたい方はそれほど多くはありませんので，当校ではプロの指導スタッフが個人授業を行っております。授業料は１時間50ドルです。　Ｂ：あら，それはちょっと私には高すぎます。トルコを訪ねる前に言葉を勉強しておこうと思ったのですが，私にはそんなに高い授業料を払う余裕はありません。

質問の訳 　なぜ女性は語学スクールでトルコ語を勉強しないのですか。

選択肢の訳 　**1** トルコ語のコースはもう利用できない。　**2** 授業料が高すぎる。
3 彼女は学校の指導スタッフが気に入らない。　**4** 学校が駅から遠い。

ポイント 　トルコ語の授業料が１時間50ドルかかると聞いたＢ（＝女性）は，最後の発言で，that's a bit too expensive for me. ... I can't afford that. と答えている。

覚えよう！ **重要語句・表現**

No. 1　draw near「近づく」
　　　　allowance「小遣い」
No. 2　be hospitalized「入院する」
　　　　work overtime「残業する」
No. 3　be almost done「ほぼ仕上がっている」
　　　　check to see if ～「～かどうか見て確認する」
No. 4　look up ～「～を調べる」
No. 5　Welcome to ～「～へようこそ」
　　　　can't afford ～「～する経済的余裕がない」

No. 6
1 Help nurses at a hospital.
2 Do some cleaning work in the city.
3 Attend an environmental forum.
4 Work as a volunteer.

No. 7
1 He lost his ticket.
2 He sat in the wrong seat.
3 He got in the wrong car.
4 He missed his train.

No. 8
1 Visit a church near his house.
2 Go to a concert.
3 Invite his friends to dinner.
4 Enjoy watching DVDs at home.

No. 9
1 Sell her some parts.
2 Buy her old computer.
3 Repair her computer.
4 Recommend a new computer.

No. 10
1 He needs to get a medical checkup.
2 He may need stronger medicine.
3 He should come back to the clinic in a few days.
4 He can eat as usual soon.

No.6 　正解　 4　

放送文　*A:* How was your volunteer job last weekend, Miki?　*B:* It was a great experience.　We picked up trash along the river Townsville.　*A:* People who walk along the river will feel good.　I'm going to work at a nursing home as a volunteer next Saturday.　*B:* Oh, are you?　I'm sure you can help the elderly people there.

Question: What will the man do next weekend?

全訳　A：ミキ，先週末のボランティア活動はどうだった？　B：すばらしい経験だったわ。私たちはタウンズビルの川沿いでゴミを拾ったの。　A：川沿いを歩く人たちは気持ちいいだろうね。ぼくは今度の土曜日，高齢者介護施設でボランティアとして働くことになっているんだ。　B：あら，そうなの？　あなたならきっとそこのお年寄りたちの役に立てると思うわ。

質問の訳　男性は今度の週末に何をしますか。

選択肢の訳　**1** 病院で看護師を手伝う。　**2** 市内で清掃作業をする。　**3** 環境フォーラムに出席する。　**4** ボランティアとして働く。

ポイント　A（＝男性）は2回目の発言で，今週末に参加するボランティア活動の内容をwork at a nursing home as a volunteerと説明している。

No.7 　正解　 2　

放送文　*A:* Excuse me, but I'm afraid you're sitting in my seat.　*B:* Are you sure? My ticket says Seat 12A in Car No. 3.　*A:* Actually, this is Seat 12E, not 12A.　Your seat is over there on the window side across the aisle.　*B:* Oh, I'm terribly sorry.　It looks like I am sitting in a seat on the wrong side.

Question: What mistake did the man make?

全訳　A：すみません，そこは私の席だと思うのですが。　B：本当ですか。私の切符には3号車12Aと書いてあります。　A：でも実は，この席は12Aではなく12Eですけど。あなたの席はあちら，通路の反対の窓側の席ですよ。　B：おや，これは失礼しました。どうやら反対側の席に座っていたようです。

質問の訳　男性はどのような失敗をしましたか。

選択肢の訳　**1** 彼はチケットをなくした。　**2** 彼は間違った座席に座った。　**3** 彼は間違った車両に乗った。　**4** 彼は列車に乗り遅れた。

ポイント　B（＝男性）は最後の発言で，列車の座席を間違えていたと気づき，It looks like I am sitting in a seat on the wrong side.と話している。

No.8 正解 2

放送文 *A:* Michael, do you have any plans for Christmas Eve? *B:* Well, unfortunately, nothing in particular. I'm only thinking of visiting a local church or watching some DVD movies at home. *A:* I have two tickets for a Christmas concert at Grafton Hall. Would you like to go with me? *B:* Oh, that sounds great. I'd be glad to. Thank you for inviting me, Melissa.

Question: What will the man do on Christmas Eve?

全訳 A：マイケル，クリスマスイブは何か予定があるの？ B：うーん，残念ながら特にないんだ。地元の教会に行くか，あるいは自宅で何か映画のDVDを見るつもりだけど。 A：グラフトン・ホールのクリスマスコンサートのチケットが2枚あるの。一緒に行かない？ B：おお，それは楽しそうだね。是非行きたいな。誘ってくれてありがとう，メリッサ。

質問の訳 男性はクリスマスイブに何をするでしょうか。

選択肢の訳 **1** 家の近くの教会に行く。 **2** コンサートに行く。 **3** 友人を夕食に招待する。 **4** 自宅でDVDを見て楽しむ。

ポイント 会話の後半で，B（＝Michael）はA（＝Melissa）からクリスマスコンサートに誘われると，I'd be glad to (go to the concert with you). と答えている。

No.9 正解 3

放送文 *A:* GFR Electronics. How may I help you? *B:* Hello. My notebook computer broke down, but the manufacturer doesn't accept repair requests any longer. Will you check and fix it if possible? *A:* Certainly, ma'am. We have some used parts in stock for old computers, so we may be able to fix it. *B:* Oh, really? I'll bring my computer to the shop this afternoon.

Question: What does the woman want the store to do?

全訳 A：GFRエレクトロニクスでございます。ご用件を承ります。 B：もしもし。ノートパソコンが壊れてしまったのですが，メーカーではもう修理依頼を受け付けてくれないのです。できればそちらのお店で点検して，修理してもらえませんか。 A：かしこまりました，お客様。当店には古いパソコン用の中古パーツの在庫がありますので，修理できる可能性があります。 B：あら，本当ですか？ 今日の午後にパソコンをお店まで持って行きます。

質問の訳 女性は店に何をしてほしいのですか。

選択肢の訳 **1** 彼女に部品を売る。 **2** 彼女の古いパソコンを買い取る。 **3** 彼女のパソコンを修理する。 **4** 新しいパソコンを推薦する。

ポイント B（＝女性）は1回目の発言で，Will you check and fix it(=my notebook computer) if possible? と話しているので，パソコンの修理を依頼しているとわかる。

No.10 **正解** 4   CD 11

放送文 *A:* So, Mr. Banks, how is your stomach this morning? Have you finished taking all the medicine? *B:* Of course, doctor. I'm feeling much better now. My appetite is coming back little by little too. *A:* Good. The medicine seems to be working well. You'll be able to return to your usual meals in a few days. *B:* That's good news. I'm tired of eating liquid food.

Question: What does the doctor tell the man?

全訳 A：さて，バンクスさん。今朝は胃の調子はどうですか。薬は全部飲み終わりましたか。 B：もちろんです，先生。もうだいぶ気分はよくなってきています。食欲も少しずつ戻っています。 A：よかった。薬がよく効いているようですね。あと数日すればふつうの食事に戻れるでしょう。 B：それはいい知らせです。流動食にはもう飽きてしまいました。

質問の訳 医者は男性に何と言っていますか。

選択肢の訳 **1** 彼は健康診断を受ける必要がある。 **2** 彼にはもっと強い薬が必要かもしれない。 **3** 彼は数日したらもう一度来院しなければならない。 **4** 彼はもうすぐふだん通りの食事ができる。

ポイント A（＝医師）はB（＝患者）から胃の状態が回復しつつあると聞いて，2回目の発言で，You'll be able to return to your usual meals in a few days. と話している。

覚えよう！   **重要語句・表現**

No. 6	nursing home「高齢者介護施設」
No. 7	across the aisle「通路の反対側に」
	It looks like 〜.「〜らしい」
No. 8	nothing in particular「特に何もない」
	think of *do*ing「〜しようかと考える」
No. 9	manufacturer「製造業者，メーカー」
	not 〜 any longer「もはや〜しない」
No. 10	appetite「食欲」
	work well「よく効く」
	be tired of *do*ing「〜するのにうんざりしている」

No. 11 1 Go shopping for dinner.

2 Pick her up at the station.
3 Answer a call from her friend.
4 Bring her an umbrella.

No. 12 1 There are some missing pages in it.

2 He found it boring.
3 He bought the wrong volume.
4 The book he had bought was dirty.

No. 13 1 She missed the bus.

2 She got on the wrong bus.
3 She left her ticket at home.
4 She mistook the hour.

No. 14 1 She will receive a wake-up call.

2 Her train will leave the station.
3 She will check out of the hotel.
4 A taxi will pick her up at the hotel.

No. 15 1 To talk about their Christmas holidays.
2 To thank him for his present.
3 To tell him about her business trip overseas.
4 To ask when he and Mom will visit her.

[解答とポイント]

No.11 正解 3

放送文 *A:* Eddie, I have to go to the station on urgent business. Will you tell my friend Lisa if she calls me while I'm away? *B:* Sure, Karen. What time are you coming back home? *A:* Well, maybe by five thirty. I'll do some shopping on my way back home. *B:* OK. It looks like rain, so you should take an umbrella with you.
Question: What does Karen ask Eddie to do?

全訳　Ａ：エディー，私は急用で駅まで行かないといけないの。私が外出中にもし友だちのリサから電話があったら，彼女にそう言ってくれる？　Ｂ：いいよ，カレン。家に帰って来るのは何時になるんだい？　Ａ：そうね, たぶん５時30分までには帰るわ。家に帰る途中で買い物を済ませてくるわ。　Ｂ：わかった。雨になりそうだから，傘を持って行ったほうがいいよ。

質問の訳　カレンはエディーに何をするように頼んでいますか。

選択肢の訳　**1** 夕食の買い物をする。　**2** 駅まで車で彼女を迎えに来る。　**3** 友人からの電話に出る。　**4** 彼女に傘を持って行く。

ポイント　Ａ（＝Karen）はＢ（＝Eddie）に，急用で出かけると伝えたうえで，Will you tell my friend Lisa if she calls me while I'm away?と頼んでいる。

No.12 正解 3

放送文 *A:* Excuse me. I bought this comic book here last night, but I'd like to return it, please. *B:* Is something wrong with it, sir? *A:* No. I want to read the fifth volume of this comic series, but I bought the fourth one by mistake. I have the receit here. *B:* Oh, I see. We can refund the money.
Question: Why does the man want to return the book?

全訳　Ａ：すみません。昨晩こちらでこのマンガ本を買ったのですが，返品したいのです。　Ｂ：お客様，何か不都合がありましたでしょうか。　Ａ：いいえ。私はこのコミックシリーズの第５巻を読みたいのですが, 間違えて第４巻を買ってしまったのです。これがレシートです。　Ｂ:ああ, わかりました。代金の払い戻しをさせていただきます。

質問の訳　なぜ男性は本を返品したいのですか。

選択肢の訳　**1** それに落丁がある。　**2** 彼はそれが退屈だと思った。　**3** 彼は違う巻を買ってしまった。　**4** 彼が買った本が汚れていた。

ポイント　Ａ（＝男性客）は２回目の発言で，本を返品する理由をI bought the fourth one(=the fourth volume) by mistakeと説明している。

111

No.13 正解 3

放送文 *A:* I'm sorry I'm late, Dave. *B:* Hi, Sandra. I was just about to call your smartphone. What happened? *A:* I realized I had forgotten my ticket after I got on the bus. I had to return home to get it. I'm really sorry to have kept you waiting. *B:* That's all right. Let's have lunch first and then go to the movies.

Question: What happened to Sandra?

全訳 A：デイブ，遅くなってごめんなさい。　B：やあ，サンドラ。今ちょうどきみのスマートフォンに電話しようとしていたところだよ。どうしたの？　A：バスに乗ったあとで，チケットを忘れてきたことに気がついたのよ。家まで取りに戻らなければならなかったの。待たせちゃって本当にごめんなさい。　B：いいんだよ。さあ，まずお昼を食べて，それから映画に行こう。

質問の訳 サンドラに何が起きたのですか。

選択肢の訳 **1** 彼女はバスに乗り遅れた。　**2** 彼女はバスを乗り間違えた。　**3** 彼女はチケットを家に置き忘れた。　**4** 彼女は（約束の）時間を間違えた。

ポイント A（＝Sandra）は2回目の発言で，遅れた理由をバスに乗ったあとでチケットを忘れたことに気がつき，家に取りに戻ったと説明している。

No.14 正解 4

放送文 *A:* Excuse me. Could you give me a wake-up call at 6:00 tomorrow morning? *B:* Certainly, Mrs. Baker. Would you like me to arrange a taxi for you? *A:* Yes, please. I need to catch the 7:30 train. *B:* OK. Then I'll make sure that the taxi picks you up at 7:00.

Question: What will happen to Mrs. Baker at 7 o'clock tomorrow morning?

全訳 A：すみません。明日の朝6時にモーニングコールをお願いできますか。　B：承知しました，ベイカー様。タクシーを手配いたしましょうか。　A：はい，お願いします。7時30分発の列車に乗らなければなりません。　B：わかりました。ではタクシーが7時にお客様をお迎えに来るようにいたします。

質問の訳 明日の朝7時にベイカーさんにどんなことが起きますか。

選択肢の訳 **1** 彼女がモーニングコールを受ける。　**2** 彼女の乗った列車が駅を出発する。　**3** 彼女がホテルをチェックアウトする。　**4** タクシーが彼女をホテルまで迎えに来る。

ポイント 会話に出てくる3つの時刻のうち，6：00はA（＝女性客）がモーニングコールを頼んだ時刻，7：30は列車の発車時刻，7：00はホテルが手配したタクシーの到着時刻。

放送文　*A:* Hello?　*B:* Hi, Dad. It's Alyssa. Thank you for sending me the pretty sweater. I like it very much!　*A:* That's good. I'm glad it got to you in time for your birthday.　*B:* It arrived this morning.　*A:* I wish Mom and I could celebrate your birthday with you. We're looking forward to seeing you over the Christmas holidays.

Question: Why is Alyssa calling her father?

全訳　Ａ：もしもし。　Ｂ：もしもし，パパ。アリッサよ。すてきなセーターを送ってくれてありがとう。とても気に入ったわ！　Ａ：それはよかった。きみの誕生日に間に合うように届いてうれしいよ。　Ｂ：今朝届いたの。　Ａ：ママと2人できみの誕生日をいっしょに祝ってあげられればいいんだけどね。クリスマス休暇に会えるのを楽しみにしているよ。

質問の訳　なぜアリッサは父親に電話しているのですか。

選択肢の訳　**1**　彼らのクリスマス休暇について相談するため。　**2**　彼からのプレゼントにお礼を言うため。　**3**　海外出張のことを伝えるため。　**4**　彼とお母さんがいつ彼女の家に来るかを尋ねるため。

ポイント　Ｂ（＝Alyssa）はＡ（＝父親）に，1回目の発言の中でThank you for sending me the pretty sweater.とお礼を言っている。このあとの会話の展開から，父親が誕生日プレゼントに送ってくれたセーターが今朝届いたとわかる。

Part
5
リスニング問題

覚えよう!　**重要語句・表現**

No. 11　on urgent business「急用で」
　　　　It looks like rain.「雨になりそうだ」
No. 12　volume「(本の)巻」
　　　　refund「払い戻す，返金する」
No. 13　be just about to *do*「〜しようとしているところだ」
No. 14　arrange「〜を手配する」
　　　　make sure that 〜「必ず〜するようにする」
　　　　pick up「(人を)車で迎えに行く[来る]」
No. 15　celebrate「〜を祝う」
　　　　be looking forward to *do*ing「〜するのを楽しみにしている」

英文を聞き，その質問に対して最も適切なものを 1，2，3，4の中から一つ選びなさい。

No. 1

1 Changing her major.
2 Learning a new language.
3 Going to Japan during vacation.
4 Reading Japanese comics.

No. 2
1 Some species of birds like to eat it.
2 It can be seen only in tropical regions.
3 It defends itself with its poisoned wings.
4 The pattern on its wings looks like a sea snail.

No. 3
1 Win special TV stands.
2 Save 25 percent on Blu-ray recorders.
3 Buy Blu-ray movies at discount prices.
4 Get a discount on TVs.

No. 4
1 They promised to meet up again.
2 They go to the same university.
3 They had met before.
4 They are both used to long bus rides.

No. 5

1 Get some material for the course.
2 Submit a report every month.
3 Ask the professor some questions.
4 Check the schedule of the whole course.

[解答とポイント]

No.1 正解 2

放送文 Peggy has studied Spanish for three years. She will go on studying it after graduating from college, but she has recently become interested in learning Japanese as well. She loves Japanese popular culture. She believes she can understand it better if she studies Japanese.

Question: What has Peggy been thinking about doing recently?

全訳 ペギーは３年間スペイン語を学んでいる。彼女は大学を卒業したあともスペイン語を勉強し続けるつもりであるが，最近になって，日本語もまた勉強したいと思うようになった。彼女は，日本の大衆文化が大好きである。日本語を勉強すれば，きっとそれらをもっとよく理解できるだろうと彼女は考えている。

質問の訳 ペギーは最近何をしようと考えていますか。

選択肢の訳 1 専攻を変えること。 2 新しい言語を学ぶこと。 3 休み中に日本を訪ねること。 4 日本のコミックを読むこと。

ポイント 第２文で，ペギーが最近興味を持っていることとして，she has recently become interested in learning Japanese as wellと述べている。

No.2 正解 3

放送文 The Great Orange Tip is a white-winged butterfly which can be found in Asia and Australia. As its name suggests, its forewings are tipped with orange. Recently, researchers found that these orange wing tips contain some poison. The poison is the same kind as the one that a species of sea snail has. Researchers believe the poison protects the butterfly from its natural enemies, such as spiders and birds.

Question: What is one thing we learn about the Great Orange Tip?

全訳 ツマベニチョウは，アジアとオーストラリアにすむ白い羽をもったチョウである。名前が示すように，前翅の先がオレンジ色をしている。最近になって，学者はこれらの羽の先のオレンジ色の部分に毒が含まれていることを発見した。その毒は，海にすむある種の巻き貝がもつ毒と同じ成分だった。この毒はチョウをクモや鳥などの天敵から守っていると学者たちは考えている。

質問の訳 ツマベニチョウについてわかることの１つは何ですか。

選択肢の訳 1 ある種の鳥はそれを食べるのを好む。 2 それは熱帯地方にだけ生息する。 3 それは毒を含む羽で自分を守る。 4 その羽の模様は巻き貝に似ている。

ポイント 第３文で，最近の研究でツマベニチョウの羽の先のオレンジ色の部分に「毒が含まれている」（contain some poison）ことがわかったと述べている。

No.3 　正　解　4　

放送文　Attention, shoppers. Thank you for coming to G & G Electronics. Many of our household appliances will be on sale over the next two days. Today only, all TVs and TV stands are 30 percent off! Tomorrow, you can get a 25-percent discount on all Blu-ray players, and you can also save up to 40 percent on all of our Blu-ray movies. Supplies are limited, so don't miss this great chance. Please enjoy your shopping.

Question: What can shoppers do at G & G Electronics today?

全訳　お買い物中のお客様に申し上げます。G&G電器にご来店いただき，ありがとうございます。この2日間，当店では家電製品の多くを特価で販売いたします。本日に限り，テレビとテレビスタンドの全商品が30パーセント割引です。明日はブルーレイプレイヤーの全商品を25パーセント割引でお買い求めいただけます。また，映画のブルーレイ全商品が最大40パーセント割引となります。在庫に限りがございますので，この絶好の機会をどうぞお見逃しなく！　どうぞお買い物をお楽しみください。

質問の訳　今日，買い物客はG&G電器で何ができますか。

選択肢の訳　**1** 特製テレビスタンドを手に入れる。　**2** ブルーレイレコーダーを25パーセント引きで買う。　**3** ブルーレイの映画を割引価格で買う。　**4** テレビを割引価格で買う。

ポイント　第4文のToday only, all TVs and TV stands are 30 percent off! という案内から，今日はテレビおよびテレビスタンドを30パーセントオフで購入できるとわかる。

No.4 　正　解　1　

放送文　Lisa goes to university in New York. Last month, she took a bus trip from New York to Chicago. It was her first long bus ride. On the bus, she got to know Victor, a male student from Philadelphia. He said he had used long-distance buses several times. When they parted in Chicago, they exchanged phone numbers and made plans to meet after their trip.

Question: What do we learn about Lisa and Victor?

全訳　リサはニューヨークの大学に通っている。先月，彼女はニューヨークからシカゴまでバス旅行をした。彼女がバスに長時間乗るのは，これが初めてだった。バスの中で，彼女はヴィクターというフィラデルフィア出身の男子学生と知り合いになった。彼は何度か長距離バスに乗ったことがあると話した。シカゴで別れるとき，2人は電話番号を交換し，旅行の後で再会する計画を立てた。

質問の訳　リサとヴィクターについて何がわかりますか。

選択肢の訳　**1** 2人は再会を約束した。　**2** 2人は同じ大学に通っている。　**3** 2人は以前会ったことがあった。　**4** 2人ともバスに長時間乗るのに慣れている。

ポイント　最終文から，リサとヴィクターの2人は，別れ際に「旅行のあとで会う」（meet after their trip）計画を立てたとわかる。

No.5 　**正解**　1 　

放送文　Good morning, students. I'm Professor Laurence Wallace. In this course, we'll learn about the structure of the world economy. Every week we'll choose a topic from the textbook and discuss it. Please read through your textbook as soon as possible. You can access my website and download some data related to each chapter. And remember, I'll ask you to submit a report every month.

Question: What does the professor say students can do online?

全訳　おはようございます，学生のみなさん。私は教授のローレンス・ウォレスです。このクラスでは，私たちは世界経済の構造について学びます。毎週，私たちは教科書からテーマを1つ選び，それについて話し合います。できるだけ早く教科書を最後まで読み通してください。私のウェブサイトにアクセスして，各章に関連したデータをダウンロードできます。毎月レポートの提出が求められることをお忘れなく。

質問の訳　教授は学生たちがオンラインで何ができると言っていますか。

選択肢の訳　**1**　コースに関する資料を入手する。　　**2**　レポートを毎月提出する。
3　教授に質問をする。　　**4**　コース全体の予定を確認する。

ポイント　第6文から，受講者は，ウォレス教授のウェブサイトから，「各章に関連したデータ」（some data related to each chapter）をダウンロードできるとわかる。

Part
5
リスニング問題

覚えよう!　**重要語句・表現**

No. 1	go on *do*ing「～し続ける」
	as well「～もまた」
No. 2	be tipped with ～「先端が～色である」
No. 3	household appliance「家電製品」
	on sale「特価で」
No. 4	part「別れる」
	make plans to *do*「～する計画を立てる」
No. 5	related to ～「～に関連する」
	submit a report「レポートを提出する」

No. 6

1 Walk to the station.
2 Run in the park.
3 Work out in a gym.
4 Eat less at night.

No. 7

1 He has to take care of his parents.
2 He has decided to run the family business.
3 He has been transferred to the sales department.
4 He is going to move to France.

No. 8

1 He was too nervous to sleep.
2 The room was very noisy at night.
3 The room smelled strange.
4 He was not able to use the shower.

No. 9

1 Warren likes the color.
2 It is Sally's favorite color.
3 They thought it would make the room look cozy.
4 They thought the price was reasonable.

No. 10
1 How to give a speech.
2 How to learn communication skills.
3 How to find a suitable job for yourself.
4 How to improve your presentation skills.

No.6 　**正 解**　2 　

放送文　Last winter, Michael decided that he needed to lose some weight.　The first thing he tried was to skip lunch, but he soon gave it up.　Next, he thought of going to a gym, but the membership fees were too expensive for him.　After all, he began jogging in the park near his house every evening.　He has now found a daily 30-minute run is good exercise for him.

Question: What has Michael decided to do to lose weight?

全訳　昨年の冬，マイケルは体重を減らす必要があると考えた。彼が最初に試したのは昼食を抜くことだったが，それはすぐに断念した。次に，彼はジムに通うことを考えたが，彼には会費が高すぎた。結局，彼は毎晩家の近くの公園でジョギングをし始めた。今，彼は毎日30分走れば彼にとって良い運動になるとわかった。

質問の訳　マイケルは体重を減らすために何をすることにしましたか。

選択肢の訳　**1**　駅まで歩く。　**2**　公園で走る。　**3**　ジムで運動する。　**4**　夜に食べる量を減らす。

ポイント　The first thing he tried was to *do*「彼が最初に試したのは〜することだった」→Next, he thought of *do*ing「次に彼は〜することを考えた」→After all, he began *do*ing「結局彼は〜し始めた」という第2〜4文の流れから，マイケルは「公園で走る」ことにしたとわかる。

No.7 　**正 解**　2 　

放送文　Attention, employees.　As you may know, Mr. Thompson is leaving our company next week.　He has worked here as a sales manager for more than 10 years.　We'll all miss him very much, but we wish him all the best as he goes back to his hometown to take over his parents' farm.　We're going to have a farewell party for him at the French restaurant Amelie tonight.

Question: Why is Mr. Thompson leaving?

全訳　従業員の皆さんに申し上げます。皆さんご承知のように，トンプソンさんは来週私どもの会社を退社されます。彼は10年以上にわたって営業部長として当社で働いてこられました。彼がいなくなるのは私たち全員にとって非常に寂しいことですが，彼が故郷に戻り，ご両親の農場を引き継ぐに当たって，彼のためにご多幸を祈りたいと思います。今夜，フランス料理店「アメリエ」にて彼の送別会を行うことになっています。

質問の訳　なぜトンプソンさんは辞めるのですか。

選択肢の訳　**1**　彼は両親の面倒を見なければならない。　**2**　彼は家業を継ぐことにした。　**3**　彼は営業部への異動が決まった。　**4**　彼はフランスに引っ越す予定である。

ポイント　第4文で，話者はトンプソンさんについて，he goes back to his hometown to take over his parents' farmと説明している。

Part 5 リスニング問題

No.8 正解 2

放送文 Oscar stayed in New York on business for a week last month. He didn't sleep well on the first night because of the constant noise from the street. The next morning, he complained to the front desk about the noise and asked if he could change rooms. Fortunately, he was able to move to a less noisy room on an upper floor. He slept well at night for the rest of his stay.

Question: What was Oscar's problem?

全訳 先月，オスカーは仕事で1週間ニューヨークに滞在した。最初の夜，彼は通りからひっきりなしに聞こえてくる騒音のためによく眠れなかった。翌朝，彼は騒音のことでフロントに苦情を言い，部屋を変えてもらえないか尋ねた。幸い彼は騒音が少ない上の階の部屋に移ることができた。残りの滞在期間中は彼はずっとよく眠ることができた。

質問の訳 オスカーの問題は何でしたか。

選択肢の訳 **1** 彼は緊張して眠れなかった。　**2** 夜，部屋が非常にうるさかった。
3 部屋は変なにおいがした。　**4** 彼はシャワーを使えなかった。

ポイント 第2文から，オスカーは最初の晩「通りからひっきりなしに聞こえてくる騒音」（the constant noise from the street）のためによく眠れなかったことがわかる。

No.9 正解 3

放送文 Last Sunday, Warren and Sally went to a furniture store to buy a carpet for the living room. Warren liked a cream-colored one, but Sally said it would get dirty too fast. In the end, they purchased a wine red carpet because it would make the room look warm and comfortable. It was a bit expensive, but now they are satisfied with their choice.

Question: Why did Warren and Sally buy the wine red carpet?

全訳 この前の日曜日，ウォレンとサリーはリビングルームに敷くカーペットを買いに家具店に行った。ウォレンはクリーム色のが気に入ったのだが，サリーはそれはすぐに汚れるだろうと言った。結局，彼らはそれが部屋が暖かくてくつろいだ感じに見えるようにしてくれるだろうという理由から，ワインレッドのカーペットを買った。少し高価ではあったが，彼らは今自分たちの選択に満足している。

質問の訳 ウォレンとサリーはなぜワインレッドのカーペットを買ったのですか。

選択肢の訳 **1** 色がウォレンの好みである。　**2** それはサリーの好きな色である。
3 彼らはそれのおかげで部屋が居心地よく見えるだろうと思った。　**4** 彼らは値段が手頃だと思った。

ポイント In the end「結局」で始まる第3文で，2人がワインレッドのカーペットを買った理由を述べている。〈S＋make＋O＋look ～〉「SのおかげでOが～に見える」。

No.10 　**正解**　4

放送文　Good afternoon, everyone.　Thank you for coming to the Career Fair this year.　In ten minutes, our guest speaker, Sarah Wagner, will give her speech.　She has written many books about how to create better presentations.　All those who are interested in the topic should hurry to Conference Room 106.　Thank you.

Question: What will the speech be about?

全訳　皆様に申し上げます。本年もキャリア・フェアにおいでいただき，ありがとうございます。あと10分ほどで，ゲスト講演者のサラ・ワグナーさんの講演が始まります。彼女はより良いプレゼンテーションを行うための方法について本を何冊も書かれています。このテーマに興味をお持ちの方は，会議室106にお急ぎください。ご案内は以上です。

質問の訳　何について講演が行われますか。

選択肢の訳　**1**　スピーチの仕方。　**2**　コミュニケーション技術の学び方。　**3**　自分に適した仕事の見つけ方。　**4**　プレゼンテーション技術の伸ばし方。

ポイント　第4〜5文から，講演者のサラ・ワグナーは，「より良いプレゼンテーションを行うための方法」（how to create better presentations）について多くの本を書いており，今回の講演でも，このテーマについて話すとわかる。

Part 5 リスニング問題

覚えよう！　　**重要語句・表現**

No. 6	lose weight「体重を減らす，減量する」
No. 7	miss「〜がいなくて寂しく思う」
	take over「（事業など）を引き継ぐ」
No. 8	complain to 人 about 〜「人に〜について苦情を言う」
	rest「残り」
No. 9	in the end「結局」
	a bit「少し」
	be satisfied with 〜「〜に満足している」
No. 10	give a speech「講演を行う」
	those who 〜「〜する人々」

No. 11 　**1**　She missed the old days.

　2　She wanted to eat some fresh fish.
　3　She needed to be refreshed.
　4　She had something to discuss with him.

No. 12 　**1**　It was first grown in Europe.

　2　It has a very long history.
　3　It is easily damaged by weather conditions.
　4　It was discovered in Northern Africa.

No. 13 　**1**　An Italian artist will give an interview.

　2　The next art exhibition will begin.
　3　An art exhibition will end.
　4　The radio station will launch a new program.

No. 14 　**1**　It is too difficult for her.

　2　She is happy with it.
　3　It is not so exciting.
　4　She wants to quit.

No. 15 　**1**　Go to the airline's service desk.

　2　Wait for the next announcement at the airport.
　3　Reserve a room at a hotel in London.
　4　Ask a flight attendant for the latest information.

No.11 正解 3

放送文　Vicky's father loves going fishing. He often took her with him when she was a college student. Last Saturday, when he invited her on a fishing trip for the first time in three years, she decided to accept it. She had a very busy week, so she wanted to go out for a change. As she was fishing from a boat on the lake with her father, she remembered her childhood. She thanked her father for giving her time to refresh herself.

Question: Why did Vicky accept her father's invitation?

全訳　ヴィッキーの父親は釣りに行くのが大好きだ。彼女が大学生時代，彼はよく彼女を一緒に連れて行った。先週の土曜日，彼が３年ぶりに彼女を釣り旅行に誘ったとき，彼女はそれを受けることにした。彼女は１週間ずっと忙しかったので，気分転換に外出したかったのだ。父親と一緒に湖で船から釣り糸を垂れているうちに，彼女は幼い頃のことを思い出していた。彼女は気晴らしの時間を与えてくれた父親に感謝した。

質問の訳　ヴィッキーはなぜ父の誘いを受けたのですか。

選択肢の訳　**1** 彼女は昔の日々が懐かしくなった。　**2** 彼女は新鮮な魚が食べたかった。　**3** 彼女は気晴らしをする必要があった。　**4** 彼女は彼と話すことがあった。

ポイント　父親から釣りに誘われたヴィッキーがその誘いを受けた理由は，第４文から，１週間忙しい毎日を過ごして気分転換に外出したかったからだとわかる。

No.12 正解 2

放送文　Wheat is one of the most widely grown grains in the world. It is believed that wheat was first grown in the Fertile Crescent, the boomerang-shaped region of the Middle East, as early as 10,000 years ago. By 3000 B.C., wheat growing had begun in Europe and Northern Africa, and probably by 2000 B.C., it had spread to China and India. Since then, new species of wheat have been developed according to different climates and the changes in people's lives.

Question: What is one thing we learn about wheat?

全訳　小麦は，世界で最も広く栽培されている穀物の１つである。小麦は今から１万年も前に，まず肥沃な三日月地帯と呼ばれる中東のブーメランの形をした地域で栽培されたと考えられている。紀元前3000年までに小麦の栽培はヨーロッパ，北アフリカでも始まり，恐らく紀元前2000年までには，それは中国やインドにまで広がっていた。それ以来，さまざまな気候や人々の生活の変化に伴い，新しい品種の小麦が開発されてきた。

質問の訳　小麦についてわかることの１つは何ですか。

選択肢の訳　**1** それはまずヨーロッパで栽培された。　**2** その歴史は非常に長い。
3 それは天候の影響を受けやすい。　**4** それは北アフリカで発見された。

第２文で，小麦の栽培が始まった時期について as early as 10,000 years ago「１万年も前に」と述べていることから，その歴史がとても長いことがわかる。

No.13 正解 3

放送文 Good morning, listeners! Why not visit the Stevenson Gallery on Sanford Street, the art gallery which opened last month? A modern Italian Art exhibition will be held until Sunday, May 10. From the following Monday, they'll be showing a collection of American abstract paintings by some artists from the early 20th century. Just mention the name of this radio program, and you'll get a two-dollar discount at the door.

Question: What will happen at the Stevenson Gallery on May 10?

全訳 おはようございます，リスナーの皆様！ サンフォード・ストリートに先月オープンした画廊，スティーヴンソン・ギャラリーに足を運んでみてはいかがでしょうか。5月10日の日曜日まで近代イタリアの芸術展が開催される予定です。続く月曜日からは，20世紀初期の芸術家によるアメリカ抽象画展が開催されます。このラジオ番組の名前を入口で仰っていただければ，入場料が２ドル割引となります。

質問の訳 5月10日に，スティーヴンソン・ギャラリーではどんなことがありますか。

選択肢の訳 **1** イタリアの芸術家が会見を行う。　**2** 次の芸術展が始まる。　**3** １つの芸術展が終わる。　**4** ラジオ局が新しい番組を開始する。

ポイント 第３文から，スティーヴンソン・ギャラリーでは，5月10日まで近代イタリアの芸術展が開催されていることがわかる。5月10日が芸術展の最終日ということになる。

No.14 正解 2 CD 30

放送文 Last month, Kana began working part-time at a French restaurant near her house. During the first week, she made a lot of mistakes and was scolded by her boss again and again. However, as she got used to her job, she came to enjoy it. Now Kana hopes to learn a lot about food and cooking while working there.

Question: How is Kana feeling about her job now?

全訳 先月，カナは家の近くのフランス料理店でアルバイトとして働き始めた。最初の週は彼女は多くの失敗をし，何度も主人にしかられた。しかし，仕事に慣れるにしたがって，彼女はそれを楽しむようになった。今ではカナはそこで働いている間に食べ物や料理について多くのことを学びたいと思っている。

質問の訳 カナは今，自分の仕事についてどのように感じていますか。

選択肢の訳 **1** それは彼女には難しすぎる。　**2** 彼女はそれに満足している。　**3** それはあまりおもしろくない。　**4** 彼女はそれをやめたいと思っている。

ポイント 第３～４文から，カナは仕事が楽しくなってきて，今ではアルバイトをしている間に食べ物や料理について多くのことを学びたいと思っていることがわかるので，自分の仕事について肯定的に感じていると考えられる。

No.15　**正解**　1　

放送文 Attention, passengers. This is your captain speaking. We'll soon be landing at London Heathrow Airport. For those of you connecting to Flight 577 for Liverpool, we regret to tell you that your flight will be delayed by an hour due to the bad weather at the departure airport. All the passengers who booked on this flight should speak to Rainbow Airways staff members at our service desk. They'll arrange the next available flight for you today.

Question: What should the passengers taking Flight 577 do?

全訳　乗客の皆様に申し上げます。こちらは機長です。当機はまもなくロンドン・ヒースロー空港に着陸いたします。リヴァプール行き577便に乗り換えをご予定の乗客の皆様，たいへん恐縮ではございますが，出発空港の悪天候のために出発が1時間遅れます。この便をご予約済みの乗客の皆様は，弊社のサービスデスクでレインボー航空の職員にお申し出ください。お客様をいちばん早い次の便にお乗せできるよう，担当者が本日中に手配いたします。

質問の訳　577便を利用する予定の乗客は何をすべきですか。

選択肢の訳　**1**　航空会社のサービスデスクに行く。　**2**　空港で次の案内を待つ。
3　ロンドンのホテルに部屋を予約する。　**4**　客室乗務員に最新の情報を求める。

ポイント　第5文から，577便を利用する予定の乗客がヒースロー空港に到着後にすべきことは，サービスデスクでレインボー航空の職員に申し出ることである。

　覚えよう!　　**重要語句・表現**

No. 11　for the first time in ～ years「～年ぶりに［で］」
　　　　for a change「気晴らしに」
No. 12　grain「穀物」
　　　　region「地帯，地域」
No. 13　abstract「抽象的な」
　　　　mention「（名前など）を挙げる，～に言及する」
No. 14　get used to ～「～に慣れる」
　　　　come to *do*「～するようになる」
No. 15　be delayed「遅れる」
　　　　due to ～「～のせいで」
　　　　latest「最新の」

リスニングの練習法

　リスニングの練習では，できるだけ多くの会話やまとまった英文（パッセージ）を繰り返し聞いて，実際に発音される英語の音声・スピードに慣れることが大切です。リスニングの練習法のポイントをいくつか挙げますので，試してみましょう。

英語をたくさん聞く　まとまった内容の英語を繰り返し聞くことで，英語ならではの発音のルール（アクセント，イントネーションなど）を理解できるようになります。特に音の変化（連結・脱落・同化）は，放送台本だけを読んで分かるものではありません。繰り返し聞いて，様々なパターンに耳を慣らしておく必要があります。
＊音の変化の例：連結…come in（**カミン**）　meの音とiの音がつながる。
　　　　　　　　脱落…a red box（**レッバックス**）　dの音が落ちる。
　　　　　　　　同化…I'll miss you.（**ミシュ**）　sの音とyの音が1つの違う音になる。

ディクテーションをする　ディクテーション（dictation）とは，聞いた英語を書き取ることです。英語の発音に耳が慣れたら，以下のような手順で，聞き取った英語を一語一句書いてみましょう。これにより，聞き取る力そのものが足りない，単語や文法の知識が足りないなど，自分の弱点がわかります。
　①英文全体を一度通して聞いて，大まかな内容を把握する。
　②1文ごとに止めて，一語一句書き取る。
　③台本と照らし合わせて，間違った箇所を再度聞いて，書き取る。

自分で音読をする　リスニングの練習においても音読は大切です。声に出して読むことにより，単語の発音方法や音の変化を体で覚えることができます。
　①英文全体を一度通して聞いて，大まかな内容を把握する。
　②英文を見ながら，音声に合わせて音読する。「意味のまとまり」（chunk：英語の語句として意味を成す最小限のまとまり）を意識しましょう。
　③英文を見ずに，耳に入ってきた音をできるだけ真似ながら，音声に合わせて音読する。

日本語に訳さず理解する　英語を聞くことに慣れてきたら，頭の中で日本語に訳さずに，英語のまま内容をイメージするようにしましょう。上で述べた「意味のまとまり」で，耳に入ってくる順番に理解していくようにします。

英検®ホームページでは過去問のリスニングの音声と放送台本が公開されていますから，それらを活用して，「読む」「聞く」「話す」「書き取る」動作を合わせた練習をしましょう。

Part 6

二次試験・面接

二次試験は面接形式で英文を読んだり，質問に答えたりする。積極的に受け答えする姿勢が重要。

このパートでは，それぞれのトラックに以下の音声が収録されています。

CD 32 トラック番号 **CD 33**～**CD 35** に収録されている内容が紹介されています。

CD 33 入室から退室までに交わされる面接委員と受験者の対話例，モデルリーディング

CD 34 面接委員からの質問

CD 35 質問と解答例

※質問のあとのポーズ（質問に答えるために与えられる時間）は実際の時間と異なります。

二次試験・面接

　従来型の試験では，3級以上の級で二次試験が実施されます。一次試験に通った人のみ，二次試験を受験します。最終的な合格は二次試験の合否によって決定します。

　また，1日で4技能すべてを受験する英検S-CBTでは，ヘッドセットを装着し，PC画面上の指示にしたがって解答（発話）し，音声を録音してスピーキングテストを行いますが，試験の内容は従来型の場合と同じです。

　試験の概要を把握し，出題形式に沿った練習をして本試験に備えましょう。音読と，面接委員の質問に答える問題があります。

受験案内

●試験内容

測定技能	課題	形式・課題詳細・問題数	解答形式
スピーキング	音読	カードに掲載された，60語程度の英文を読む。1問	・個人面接 ・面接委員1人 ・応答内容，発音，語彙，文法，語法，情報量，積極的にコミュニケーションを図ろうとする意欲や態度などの観点で評価
	パッセージについての質問	音読した英文の内容についての質問に答える。1問	
	イラストについての質問	3コマのイラストの展開を説明する。1問	
	受験者自身の意見を問う質問	ある事象・意見について自分の意見などを述べる（カードのトピックに関連した内容）。1問	
	受験者自身の意見を問う質問	日常生活の一般的な事柄に関する自分の意見を述べる（必ずしもカードのトピックに直接関連しない）。1問	
主な場面・題材			
社会性のある話題	過去の出題例	環境にやさしい素材，オンライン会議，屋上緑化，ペット産業，新しいエネルギー，サプリメントなど	

●試験時間
約7分（入室から退室まで）

●合格ライン

スピーキングのスコアのみで合否を判定。合格スコアは460（満点650）。

●試験日程

二次試験は，一次試験の約30日後に行われます。下記は基本的な実施月です。

第1回検定 （一次試験　6月）　二次試験7月

第2回検定 （一次試験　10月）　二次試験11月

第3回検定 （一次試験　1月）　二次試験2月

●英検S-CBT

英検S-CBTの場合はコンピューターを使って1日で4つの技能を受験します。その中のスピーキングテストが英検®(従来型)の二次試験に当たります。スピーキングはヘッドセットを装着し解答を録音する吹込み式で，二次試験と同じ要領で試験が行われます。

面接の流れ（入室から退室まで）

❶　入室・着席

①控え室で面接カードに記入します。

　↓

②係員の指示に従い，面接カードと手荷物を持って，面接室前へ移動します。

　↓

③面接室前の廊下で順番を待ちます。

　↓

④係員の指示でノックして面接室に入ります。

　↓

⑤入室後，面接委員に面接カードを手渡します。

　↓

⑥面接委員の指示で，Thank you. と言って着席します。

会話例

〈ノックして入室〉

面接委員：Hello.「こんにちは」

受験者　：Hello.「こんにちは」

面接委員：Can I have your card, please?「カードをいただけますか」

受験者　：Yes.「はい」〈カードを渡す〉

面接委員：Thank you. Please have a seat.「ありがとうございます。おかけ下さい」

受験者　：Thank you.「ありがとうございます」〈着席〉

❷ 氏名と受験級の確認・簡単な挨拶

①着席後，挨拶をします。

    ↓

②面接委員が受験者の氏名を尋ねるので，答えます。

    ↓

③面接委員が受験級の確認をします。

    ↓

④返事をして簡単な会話を交わします。

会話例

面接委員：My name is Jane White. May I have your name, please?
　　　　　「私の名前はジェーン・ホワイトです。あなたのお名前をうかがえますか」
受験者　：Yes. My name is Hiroshi Yamada.「はい。私の名前はヤマダ・ヒロシです」
面接委員：Mr. Yamada, this is the Grade 2 test. OK?
　　　　　「ヤマダさん，これは２級のテストです。よろしいですか」
受験者　：OK.「はい」
面接委員：How are you today?「今日の調子はいかがですか」
受験者　：I'm fine.「元気です」

※受験級の確認後，面接委員から英語で声をかけられます。

　How are you today?「今日の調子はいかがですか」，How did you come here today?
「今日はどうやってここに来ましたか」，It's very hot today, isn't it?「今日はとても暑いですね」など，簡単な挨拶程度の会話になります。採点の対象ではないので，ウォーミングアップとしてリラックスして答えましょう。

❸ 問題カードの黙読・音読

①面接委員から問題カードを受け取ります。

    ↓

②指示にしたがって，問題カードの英文を20秒間黙読します。

    ↓

③指示にしたがって，問題カードの英文を音読します。

会話例

面接委員：OK. Now let's begin the test. Here's your card.
　　　　　「よろしいです。ではテストを始めましょう。これがあなたのカードです」
受験者　：Thank you.「ありがとうございます」
面接委員：First, please read the passage silently for 20 seconds.
　　　　　「まず，英文を20秒間黙読してください」
〈20秒間黙読〉　※音声では黙読の時間を省いてあります。

面接委員：All right. Now, please read the passage aloud.
「結構です。それでは，英文を音読してください」

〈音読〉 ※音声では音読の時間を省いてあります。

❹ 質問と応答

①面接委員からの質問No. 1，2に答えます。

    ↓

②面接委員の指示にしたがって，問題カードを裏返して置きます。

    ↓

③面接委員からの質問No. 3，4に答えます。

会話例

面接委員：Now, I'll ask you four questions.
「それでは，これからあなたに4つの質問をします」

受験者　：OK.「わかりました」

（No. 1，2の質問と応答） ※音声では質問と応答を省いてあります。

面接委員：Now, Mr. Yamada, please turn over the card and put it down.
「では，ヤマダさん，カードを裏返して置いてください」

〈カードを裏返す〉

（No. 3，4の質問と応答） ※音声では質問と応答を省いてあります。

❺ カード返却・退室

面接委員の指示にしたがって，問題カードを返却し，退室します。

会話例

面接委員：All right, Mr. Yamada, this is the end of the test. Could I have the card
back, please?
「結構です，ヤマダさん，以上でテストは終わりです。カードをお返しくだ
さいますか」

受験者　：Here you are.「はい，どうぞ」

面接委員：Thank you. You may go now.
「ありがとうございます。退室して結構です」

受験者　：Goodbye.「さようなら」

面接委員：Goodbye. Have a nice day.「さようなら。良い1日を」

受験者　：Thank you.「ありがとうございます」

友達，家族の人たち，先生などと役割を
決めて楽しんで練習してみましょう！

受験用問題カード

Ugly Vegetables

  Many vegetables are thrown away just because they don't look nice. These days, as food loss and waste has become a big issue, many projects are going on to save these ugly vegetables. For example, some supermarkets buy these ugly vegetables from farmers. They sell the vegetables at lower prices, and by doing so they try to reduce food loss and waste as much as possible.

Your story should begin with this sentence: **One day, Mr. and Mrs. Tanaka were doing shopping at a supermarket.**

※実際の面接カードはカラーです。

No. 1   According to the passage, how do some supermarkets try to reduce food loss and waste as much as possible?

No. 2   Now, please look at the picture and describe the situation. You have 20 seconds to prepare. Your story should begin with the sentence on the card.
<20 seconds>
Please begin.

Now, Mr. / Ms. _____, please turn over the card and put it down.

No. 3   Some people say that parents should tell their children to eat more vegetables. What do you think about that?

No. 4   Today, many people prefer to read online newspapers. Do you think the number of these people will increase in the future?
      Yes. → Why?
      No. → Why not?

全訳 不格好な野菜

　見た目がよくないという理由だけで，多くの野菜が捨てられてしまう。近年フードロスが大きな問題となる中で，この不格好な野菜を救うためのプロジェクトが数多く行われている。例えば一部のスーパーマーケットでは，農家から不格好な野菜を買っている。彼らはその野菜を安く販売し，そうすることによって，彼らはできるだけ食品ロスを減らそうとしているのである。

質問の訳 *No. 1* この文によると，一部のスーパーマーケットは，どのようにして食品ロスをできるだけ減らそうとしているのですか。

No. 2 では，絵を見てその状況を説明してください。20秒間，準備する時間があります。話はカードに書いてある文で始めてください。＜20秒＞始めてください。

では，～さん（受験者の氏名），カードを裏返して置いてください。

No. 3 親は自分たちの子供にもっと野菜を食べるように言うべきだと言う人がいます。あなたはそのことについてどう思いますか。

No. 4 今日では，多くの人たちがオンライン版の新聞を好んで読んでいます。このような人々の数は今後増えると思いますか。

No. 1 **解答例** By selling ugly vegetables at lower prices.

解答例の訳 不格好な野菜を安く販売することによってです。

ポイント 最終文の doing so は，同じ文の前半部分の sell the vegetables（=ugly vegetables）at lower prices を指すので，この内容を By ～ing. の形で答える。

No. 2 **解答例** One day, Mr. and Mrs. Tanaka were doing their shopping at a supermarket. Mrs. Tanaka said to her husband, "The prices of vegetables are going up again." The next morning, Mr. Tanaka saw a woman watering vegetables in her garden. He thought it might be a good idea to grow vegetables in a garden. The next weekend, Mr. and Mrs. Tanaka were planting some vegetable seeds in their garden. Mr. Tanaka was looking forward to eating the vegetables they grew.

解答例の訳 ある日，田中さん夫妻はスーパーマーケットで買い物をしていました。田中さんの妻は夫に「また野菜の値段が上がっているわ」と言いました。その翌朝，田中さんは，女性が庭で野菜に水をやっているのを見かけました。彼は庭で野菜を栽培するのはいい考えかもしれないと思いました。次の週末，田中さん夫妻は自宅の庭に野菜の種をまいていました。田中さんは，自分たちが育てた野菜を食べるのが楽しみでした。

ポイント 1コマ目では，吹き出しの中の妻の発言を直接話法の said to ～, "..." の形で答える。2コマ目では，田中さんが見た光景を〈see＋O（人）＋～ing〉の知覚動詞構文で表す。吹き出しの中のイラストは，田中さんの考えたこととして，He thought ... の形で表す。主節の動詞 thought に合わせて，助動詞は過去形の might を用いる。3コマ目では，田中さん夫妻の行動を過去進行形で表す。吹き出しのイラストは，田中さんが

楽しみにしていることなので，be looking forward to ～ing「～するのを楽しみにしている」で表す。なお，2，3コマ目では，時間の経過を表す指定語句を文頭に置く。

No. 3 解答例 （I agree.の場合）I agree. Children these days don't like to eat vegetables. Parents should teach their children that they need to eat many kinds of vegetables to get enough vitamins.
（I disagree.の場合）I disagree. I think that the number of children who eat enough vegetables is increasing. So, there is no need for parents to tell their children to eat more vegetables.

解答例の訳 （賛成の場合）私もそう思います。最近の子供は野菜を食べたがりません。親は子供たちに，十分なビタミンをとるためには，いろいろな種類の野菜を食べなければならないことを教えるべきです。／（反対の場合）私はそう思いません。十分な野菜を食べる子供の数は増えていると思います。だから，親が子供たちにもっと野菜を食べるように言う必要はありません。

ポイント 賛成／反対意見とも，主張の根拠となる理由を示す。確実に使いこなせる語彙と文法を使ってまとめよう。

No. 4 解答例 （Yes.の場合）Yes. → Why? ─ People can read online newspapers on their smartphones anywhere, anytime. Also, online newspapers are updated many times a day, so people can get the latest information.
（No.の場合）No. → Why not? ─ Many people don't want to read newspapers on small screens. Also, on many newspaper websites, people have to pay for a subscription to read all the articles.

解答例の訳 （Yes.の場合）はい。→ それはなぜですか。― 人々はオンライン版の新聞をスマートフォンでいつでもどこでも読むことができます。また，オンライン版の新聞は1日に何度も更新されるため，人々は最新の情報を得ることができます。／（No.の場合）いいえ。→ それはなぜですか。― 多くの人々は新聞を小さな画面で読みたいとは思いません。また，多くの新聞社のウェブサイトでは，人々はすべての記事を読むためには購読料を払う必要があります。

ポイント 賛成意見では，オンライン版の新聞のメリットを根拠として挙げ，反対意見では，オンライン版の新聞で不便なところやサービスの制約を根拠として挙げている。

覚えよう! ▶ **重要語句・表現**

food loss and waste「食品ロス」
go on「進行する」
as much as possible「できるだけ，できる限り」
〈There is no need＋(for人)＋to *do*〉「（人が）～する必要はない」
update「～を更新する」

Part
6
二次試験・面接

135

アティチュード

　二次試験には、音読・質問に対する応答の内容に加えて、「アティチュード (attitude)」という評価項目があります。attitude とは「態度・姿勢」のことで、二次試験においては、積極的にコミュニケーションを図ろうとする意欲や態度のことを指します。具体的には、次の項目で評価されます。

積極性：自分の言いたい内容を面接委員に積極的に伝えようとしているか
　例えば、What is your favorite sport? と尋ねられたら、Soccer. と単語だけで答えるのではなく、My favorite sport is soccer. のような文で答えることで、相手とのコミュニケーションを積極的に図ろうとしている意欲が伝わります。英語で何と言ったらいいか分からない場合でも、知っている別の表現を使って、コミュニケーションを持続させようとする気持ちを示すことが大切です。

明瞭な音声：明瞭で適切な大きさの声で話しているか
　音読する際や質問への応答時には、面接委員が十分聞き取れる大きさの声で明瞭に話すことを心がけましょう。知らない単語があると、自信をなくして声が小さくなりがちですが、多少の間違いは気にせず、ペースを保って面接委員に聞こえるように音読・応答しましょう。

自然な反応：会話の流れを損なわず、質問に対してスムーズに応答できているか
　質問をされたら、長く間を置くことなくスムーズに答えるように気をつけましょう。質問が聞き取れなかった場合には、I beg your pardon? / Pardon? / Could[Would] you repeat it, please? と言って、質問を繰り返してもらいましょう。答えを考える最中も、ただ黙っているのではなく、Well … / Let's see… といったことばを使って間をつなぐと、より自然にやりとりすることができるでしょう。

　一次試験とは異なり、二次試験に明確な正解はありません。面接委員とアイコンタクトを適度に取り、会話を楽しむつもりで試験に臨みましょう。

一次試験
予想模試・解答解説

別冊の一次試験予想模試第1回，第2回の解答解説。全問題の正解，解説，リスニング台本などが掲載されている。

予想模試 第1回

一次試験・筆記　解答・解説　　　pp.139～150
一次試験・リスニング　解答・解説　pp.150～164

解　答　欄				
問題番号	1	2	3	4
(1)	①	②	③	●
(2)	①	●	③	④
(3)	●	②	③	④
(4)	①	②	③	●
(5)	①	②	③	●
(6)	●	②	③	④
(7)	①	●	③	④
(8)	①	②	●	④
(9)	①	②	●	④
(10)	●	②	③	④
(11)	①	②	●	④
(12)	①	②	③	●
(13)	①	②	③	●
(14)	●	②	③	④
(15)	①	●	③	④
(16)	①	②	●	④
(17)	①	●	③	④
(18)	①	②	●	④
(19)	①	②	③	●
(20)	①	②	●	④

(問題番号 1)

解　答　欄				
問題番号	1	2	3	4
(21)	①	②	●	④
(22)	●	②	③	④
(23)	①	②	③	●
(24)	①	●	③	④
(25)	①	②	③	●
(26)	①	②	●	④

(問題番号 2)

解　答　欄				
問題番号	1	2	3	4
(27)	①	②	③	●
(28)	●	②	③	④
(29)	①	●	③	④
(30)	①	②	③	●
(31)	●	②	③	④
(32)	①	●	③	④
(33)	●	②	③	④
(34)	①	②	●	④
(35)	①	②	③	●
(36)	①	●	③	④
(37)	①	②	③	●
(38)	①	②	③	●

(問題番号 3)

4 の解答例は
p.149をご覧
ください。

リスニング解答欄					
	問題番号	1	2	3	4
第1部	No. 1	●	②	③	④
	No. 2	①	②	③	●
	No. 3	①	②	③	●
	No. 4	①	②	●	④
	No. 5	①	②	●	④
	No. 6	①	②	③	●
	No. 7	①	②	③	●
	No. 8	①	●	③	④
	No. 9	●	②	③	④
	No. 10	①	②	③	●
	No. 11	①	②	③	●
	No. 12	●	②	③	④
	No. 13	①	②	③	●
	No. 14	①	②	③	●
	No. 15	①	②	●	④
第2部	No. 16	①	●	③	④
	No. 17	①	②	●	④
	No. 18	①	②	③	●
	No. 19	①	②	●	④
	No. 20	①	②	●	④
	No. 21	●	②	③	④
	No. 22	①	②	●	④
	No. 23	①	●	③	④
	No. 24	●	②	③	④
	No. 25	①	②	●	④
	No. 26	●	②	③	④
	No. 27	①	②	③	●
	No. 28	①	②	③	●
	No. 29	①	②	●	④
	No. 30	①	②	③	●

[解答例とポイント]

※筆記1では，選択肢が動詞の場合は訳を原形で示してあります。

(1) 　正解　 4

　全訳　スコットは娘が明らかに自分に何かを隠していると感じた。彼女は非常にそわそわしているように見え，彼の目をまっすぐ見ようとしなかった。

　選択肢の訳　**1** commonly「一般に」 **2** bravely「勇敢に」 **3** temporarily「一時的に」 **4** obviously「明らかに」

　ポイント　第2文で述べている娘の態度から，スコットは彼女が何か隠し事をしているのは明らかだと感じている。

(2) 　正解　 2

　全訳　キャロルは恋人のケヴィンが東京支社に転勤になると聞いてショックを受けた。彼女は日本のことを自分が決して訪れることはないであろう遠い国だとばかり思っていた。

　選択肢の訳　**1** sensitive「繊細な, 敏感な」 **2** distant「遠い, 離れた」 **3** logical「論理的な」 **4** critical「重大な」

　ポイント　キャロルにとって日本がどのような国かを表す形容詞を選ぶ。

(3) 　正解　 1

　全訳　アグネスはとても優しい女の子だ。彼女はいつも行儀が良いので，両親は彼女に人前で行儀良くするようにと言ったことがない。

　選択肢の訳　**1** behave「行儀良く振る舞う」 **2** ignore「無視する」 **3** witness「目撃する」 **4** imitate「真似をする」

　ポイント　空所後の in public「人前で」を手がかりに，行動の仕方を表す動詞を選ぶ。

(4) 　正解　 4

　全訳　Ａ：ジェシカの新しいヘアスタイルに気づいたかい？　Ｂ：ええ，彼女はいつも自分の外見を変えるのは良い気分転換になると言っているわ。

　選択肢の訳　**1** approval「承認」 **2** responsibility「責任」 **3** contribution「貢献」 **4** appearance「外見, 容貌」

　ポイント　2人がジェシカの新しい髪型（new hairstyle）を話題にしていることに着目する。髪型は外見の1つである。

(5) 　正解　 4

　全訳　コメは日本で最も重要な食用作物である。しかし，1960年代半ば以降，日本国内におけるコメの消費量は徐々に減少している。

　選択肢の訳　**1** argument「議論, 主張」 **2** structure「構造（物）」 **3** accuracy「正確さ」 **4** consumption「消費」

　ポイント　コメが日本で最も重要な食用作物であるという第1文と however「しかし」でつながれていることから，コメの何が減少しているのかを考える。

(6) **正解** 1

全訳 最近，子供たちは友だち同士で関心事や情報を共有するための便利なツールとしてソーシャルメディアを利用する。その一方で，最近の研究では，ソーシャルメディアのために，多くの子供たちは勉強やそのほかの重要な活動に集中できないでいることがわかった。

選択肢の訳 1 distract「気を散らす，注意をそらす」 2 resign「辞める，辞任する」 3 protect「保護する」 4 expand「拡大する，拡張する」

ポイント 空所前のitは前文のsocial mediaを指す。第１文とOn the other hand「その一方で」でつながれていることから，第２文では，ソーシャルメディアの勉強やほかの重要な活動への良くない影響が述べられていると考えられる。

(7) **正解** 2

全訳 その火山の大噴火は島の風景を大きく変えた。現在は，多くの動物が生息していたジャングルの大部分が灰色の火山灰に覆われている。

選択肢の訳 1 measure「手段，方策，基準」 2 landscape「風景，景観」 3 symptom「症状」 4 reaction「反応」

ポイント 火山噴火の降灰によって島全体の景色が変わったことを述べている。

(8) **正解** 3

全訳 Ａ：今日の新聞によると，アメリカ人の約半数は毎月音楽のストリーミングサービスにお金を払っているらしいわよ。 Ｂ：それを聞いても別に驚かないよ。最近では，CDで音楽を聴く人は少数派なんだ。

選択肢の訳 1 vacancy「空き，空席」 2 pause「一時停止」 3 minority「少数派」 4 quantity「量」

ポイント 空所には，CDで音楽を聞く人は「少ない」ことを表す名詞が入る。

(9) **正解** 3

全訳 その作曲家はピアノ曲のいくつかを妹に捧げた。彼女は，彼の音楽を最もよく理解し，いつも彼を励ましてくれたからだ。

選択肢の訳 1 estimate「推定する，見積もる」 2 occupy「占有する，占める」 3 dedicate「（作品などを）捧げる，献呈する」 4 predict「予測する」

ポイント 日ごろの妹の理解と応援に感謝して曲を「贈る」ことを表す動詞を選ぶ。

(10) **正解** 1

全訳 昨夜，エレンとロナルドがレストランで食事をしているとき，彼がウェイターの料理の出し方に文句を言った。彼女はきまりが悪くて，彼に我慢するように言った。

選択肢の訳 1 embarrass「きまりが悪い思いをさせる」 2 encounter「出会う，遭遇する」 3 exaggerate「誇張する」 4 emphasize「強調する」

ポイント 空所後のtold him to be patient「彼に我慢するように言った」から考える。

(11) **正解** 3

全訳 先月，その私立学校は制服を廃止した。今，生徒たちは新しい指針にしたがって，どんな服を着て学校に行くかを決めなければならない。

選択肢の訳 1 run away「逃げる」 2 make up「構成する」 3 do away「廃止する」 4 keep up「維持する」

ポイント 第2文の have to decide what clothes to wear to school「どんな服を着て学校に行くかを決めなければならない」から，学校が制服をどうしたのかを考える。

(12) **正解** 2

全訳 今や大人はもちろん小学生でさえSNSを利用する時代である。そのためサイバー犯罪の犠牲になる子供たちが増えている。

ポイント to say nothing of ～「～は言うまでもなく，～はもちろん」

(13) **正解** 4

全訳 A：このレストランの雰囲気がとても好きなのです。こちらで写真を撮ってもいいでしょうか。 B：問題ないと思いますが，店主の許可を取ってきますよ。

ポイント ask for ～「～を求める」

(14) **正解** 1

全訳 その国の首都は大混乱の状態に陥った。警察は怒った群衆を鎮圧することができなかった。

選択肢の訳 1 be incapable of ～ing「～できない」 2 be convinced of ～「～を確信している」 3 be aware of ～「～に気づいている」 4 be true of ～「～に当てはまる」

ポイント 第2文は，首都が大混乱（chaos）の状態に陥った中で，警察の群衆に対する対応がどうであったかを説明している。群衆が怒っている状態だったことに着目する。

(15) **正解** 2

全訳 A：ダニエル，昨晩のロックコンサートはどうだった？ B：そうだね，ザ・ルビーズはぼくの好きなバンドだけど，彼らの最高の演奏ではなかったね。ファンは少しがっかりさせられたと思うよ。

選択肢の訳 1 cut off「切り離す」 2 let down「がっかりさせる，失望させる」 3 take over「引き継ぐ」 4 set off「引き起こす」

ポイント 空所を含む文の前の it was not their best performance が手がかり。

(16) **正解** 3

全訳 A：お母さん，使用済みのアルミ缶は回収されたあと，どうなるの？ B：特別な工場でリサイクルされて，新しい缶やほかの製品になるのよ。

選択肢の訳 1 allow「許す，許可する」 2 move「動く」 3 become「～になる」 4 turn「回る，～になる」

Aは「使用済みアルミ缶」（used aluminum cans）が回収されたあと「どうなるのか」を知りたがっている。What becomes of ～で「～はどうなりますか」という意味を表す。

(17) **正解** 2
全訳 その強力なハリケーンは速度を増して，アメリカ東海岸に向かっている。
選択肢の訳 **1** grow into ～「成長して～になる」 **2** head for ～「～に向かう」
3 glance at ～「～をちらりと見る」 **4** hang on ～「～にしがみつく」
ポイント the East Coast of the United States「アメリカ東海岸」から考えて，空所には台風の進路を表す熟語が入る。

(18) **正解** 3
全訳 ジャックがリビングルームに入ると，彼の母親が静かな曲を流しながらソファで横になっていた。
ポイント 〈with＋O＋現在分詞〉で「Oが～している状態で」という〈付帯状況〉を表す。

(19) **正解** 4
全訳 アリッサは大学生時代に日本語を学び始めた。来月末で彼女は6年間日本語を勉強していることになる。
ポイント 「来月末」になると，「日本語を勉強している状態が6年間継続していることになる」という意味を表すように，未来完了進行形will have been studyingとする。

(20) **正解** 3
全訳 A：この部屋が暑くなってきました。エアコンをつけてもよろしいでしょうか。
B：ええ，かまいませんよ。どうぞ。
ポイント Would you mind my ～ing?で，「（私が）～してもよろしいですか」と相手に丁寧に許可を求める表現。mindのあとのmyは動名詞の意味上の主語。

筆記2[A]
全訳 トリュフ狩り
　古来より，我々人類はほかの動物の優れた能力を発見し，特定の目的に適うようにその動物を訓練してきた。そうした例の1つはトリュフ豚，すなわち地中のトリュフのにおいをかぎ分けるように特別に訓練された家畜用の雌豚である。トリュフ豚の歴史は，雌豚がトリュフを嗅ぎ分ける鋭い嗅覚を持っていることを人々が初めて発見したローマ帝国時代にさかのぼる。
　その独特の香りと味によってヨーロッパ諸国の美食家たちの間でトリュフが人気を博したのは，ルネサンス時代であった。その後，この珍しい種類のキノコの需要は，18世紀のパリの市場で急速に高まった。特に北イタリアのアルバで収穫される白トリュフは，美食家たちの間で珍重された。しかし，収穫可能なトリュフを見つける方法となると，20世紀に入ってからも，長いこと人々は雌豚に頼るしかなかった。

トリュフはしばしば「キッチンのダイヤモンド」と呼ばれ，熟すと強い香りを放つ。その香りは，雄豚が発情期に雌豚を引き寄せるために使うフェロモンのにおいに似ている。訓練された雌豚は，トリュフの香りに引き寄せられながら，トリュフ・ハンターといっしょに森を歩き，熟したトリュフが生えている場所をピンポイントで探し当てる。問題は，豚がトリュフを見つけるとすぐに食べたくなってしまうことである。また，豚は森の中のあちこちを掘り起こそうとするため，森の生態系全体にダメージを与える可能性がある。こうした理由から，1985年，イタリアではトリュフ豚を使ったトリュフ狩りが禁止された。現在では，ほとんどのトリュフ・ハンターは，熟したトリュフを探し出すのに，豚の代わりに訓練された犬を使う。

(21) **正解** 3

選択肢の訳 **1** ～から多くのストレスを感じた **2** ～を見る目があった **3** ～に対する鋭い嗅覚を持っていた **4** ～に対して無関心であった

ポイント 第1段落第2文で，truffle pigs を domestic female pigs specially trained to sniff out truffles beneath the ground と説明している。空所には，雌豚のトリュフをかぎ分ける特別な嗅覚を表す語句が入ると考えられる。

(22) **正解** 1

選択肢の訳 **1** 雌豚に頼っていた **2** トリュフ狩りを続けていた **3** トリュフ林を保護した **4** 代わりとなる動物を探した

ポイント 空所を含む第4文は，トリュフの人気上昇とは裏腹に，「トリュフの収穫は雌豚の嗅覚に頼るしかなかった」状況を述べていると考えられる。

(23) **正解** 4

選択肢の訳 **1** その一方で **2** それでも **3** 現実には **4** こうした理由から

ポイント 第3段落第4～5文の，豚がトリュフを食べたり森林の生態系に害を与えたりするという内容は，空所以下の，豚を使ったトリュフ狩りが禁止されたという内容の理由である。

筆記2[B]

全訳 ストレッガ地すべり

地すべりの大部分は，大雨や強い地震のあとに発生する。毎年，世界各地で地すべりの被害が報告されている。時には大規模な地すべりのために1つのコミュニティ全体が埋まってしまうこともあり，その結果，多くの犠牲者が出ることとなる。専門家は，地すべりはしばしば山腹の森林の乱伐によって引き起こされると警告している。木や森は，風や水による土壌崩壊の防止に非常に重要な役割を担っている。地表を覆う森林が失われ，土壌が保護されない状態になると，それは山腹の安定性に深刻な影響を及ぼすのである。

地すべりは常に陸上で起きるとは限らない。実際，地球の歴史において最も大きな地すべりの1つは海底で起きている。紀元前6200年ごろ，ノルウェー沖の大陸斜面の端で，少なくとも3つの大規模な地すべりが相次いで発生した。この一連の地すべりは今

日「ストレッガ地すべり」として知られており，膨大な量の堆積物が長さ約800キロメートルにわたって大陸斜面を滑り落ちた。その結果，今度は高さ10〜25メートルもの巨大な津波が発生し，古代北ヨーロッパの沿岸地域を襲ったのである。

　ストレッガ地すべりがどのように発生したかは，まだ完全には解明されていない。最も広く支持されている説の1つは，強い地震によって海底に蓄積されていたメタンハイドレートからメタンガスが急激に放出されたという可能性である。科学者たちは，世界中のほかの沿岸地域でも，海中で大規模な地すべりが起こる可能性があると警告している。ストレッガ地すべりの発生メカニズムが解明されれば，私たちが今後同様の自然災害に備えるのに役立つと彼らは期待している。

(24) 　**正解** 　2

選択肢の訳 　1　森林生態系全体　2　山腹の安定性　3　地域社会の経済　4　山岳地帯の開発

ポイント 　土壌を水や風から守っている木や森林が失われ，土壌が保護されなくなると，山腹が不安定となって地すべりが起きやすくなる，というのが第5〜6文の主旨。

(25) 　**正解** 　4

選択肢の訳 　1　簡単に　2　自然と　3　時間通りに　4　今度は

ポイント 　空所直前の主語Thisは，直前の第2段落第4文で説明している海底地すべりの発生を指す。この地すべりのあとに巨大な津波が発生したという説明から，空所には出来事の発生順序を表す語句が入る。

(26) 　**正解** 　3

選択肢の訳 　1　環境を改善する　2　より安全で頑丈な家を建てる　3　同様の自然災害に備える　4　津波の痕跡を見つける

ポイント 　ストレッガ地すべりの発生メカニズムを解明することが，将来予想される同様の海底地すべりへの災害対策につながる，というのが第3段落最終文の主旨。

筆記3[A]

全訳

差出人：サイモン・ミラー <s-miller@worldmail.com>
宛先：ビアンカ・カーティス <b-curtis@unk-mail.com>
日付：9月22日
件名：ACR社のテレビ
拝啓　カーティス様
私が受けた貴店のアフターサービスの質の悪さについてクレームを申し上げるために，このメールを書いております。私は9月18日に貴店でACR社の32インチテレビを購入しました。このテレビは秋の在庫一掃セールで30パーセント割引となっており，私は280ドルを支払いました。テレビは設置料無料で9月19日に設置されましたが，その翌日私がテレビを見ていると，突然電源が落ちてしまいました。私は何度も電源スイッ

チを押しましたが，テレビは反応しませんでした。

9月21日，私はこのトラブルの件で貴店のサポートデスクに電話をし，その翌日，貴店の技術サービス担当者の男性がテレビをチェックするために私の家を訪れました。その男性は私に，テレビのパーツをいくつか修理する必要があると言いました。私は彼に故障したテレビを新品と交換してほしいと頼みましたが，彼は私に当該機種は売り切れており，それはできないと説明しました。これは私には納得のいく話ではなかったため，私は店長と直接話をさせてほしいと頼みました。彼は，ただあなたの名前とメールアドレスを私に残して，立ち去りました。

在庫一掃セール品に関して貴店独自の方針があることは承知しています。しかし，このテレビは購入後わずか2，3日で故障したのですから，今回は例外とされるべきだと私は強く抗議いたします。テレビを新品と交換してもらえない場合は，代金を返金してくださるよう要求いたします。手続きがいつ行われる予定か，お知らせください。

敬具

サイモン・ミラー

---

(27)　正解　4

質問の訳　9月20日にサイモン・ミラーは，

選択肢の訳　**1**　テレビの在庫一掃セールの広告を見た。　**2**　店のサポートセンターに電話した。　**3**　彼が購入したテレビについてカーティス氏にメールを送った。　**4**　購入したばかりのテレビに問題を発見した。

ポイント　本文第1段落第2〜4文から，サイモン・ミラーが9月18日に購入したテレビは翌9月19日に設置され，その翌日の9月20日に，故障が発生したことがわかる。

---

(28)　正解　1

質問の訳　技術サービスの男性がサイモン・ミラーに言ったことは，

選択肢の訳　**1**　テレビのパーツの一部は修理が必要だということだった。　**2**　彼はサイモンに店長の名前を教えることを許可されていないということだった。　**3**　同じ機種の新品のテレビと交換するということだった。　**4**　そのテレビに問題は見つからないということだった。

ポイント　本文第2段落第2文から，技術サービスの男性がテレビに関してサイモン・ミラーに伝えた内容は，some parts of the TV needed to be repaired「テレビのパーツをいくつか修理する必要がある」というものだったとわかる。

---

(29)　正解　2

質問の訳　サイモン・ミラーがカーティス氏に言っていることの1つは何ですか。

選択肢の訳　**1**　カーティス氏は彼の家に来て誠実に謝罪すべきである。　**2**　テレビを新品と交換できないなら，カーティス氏は彼に代金を払い戻すべきである。　**3**　店は彼がテレビの修理に支払った代金を補償すべきである。　**4**　店は在庫一掃セールで販売される商品に関する方針を守るべきである。

ポイント　サイモン・ミラーは本文第3段落第2〜3文で，今回のテレビの故障が購入後

わずか2〜3日で発生したことを伝えたうえで，テレビを新品と交換できない場合は，give me a refund「代金を返金する」ように求めている。

全訳 英語以外の言語を学ぶ

　英語が国際語であることは言うまでもないが，海外の会社と取引をするうえで英語が常に最良の言語であるとは限らない。ビジネスの世界がますますボーダーレスになるにしたがって，英語以外の外国語を自由に使いこなせる人材を求める雇用者がますます増えている。こうした需要を満たすために，各国政府は外国語教育カリキュラムの質の向上を図っている。しかしながら，アメリカにおいては事情は必ずしも同じではない。

　ヨーロッパの英語を母国語としない国々では，多くの子供たちが小学校で英語を学び始める。一方，教育専門家は，アメリカの公教育では生徒たちに重要な外国語を学ぶのに十分な機会を提供していないと話す。2000年代以降，アメリカでは学校における語学教育プログラムの数が大幅な減少を続けている。全国K-12外国語登録申請調査報告（the National K-12 Foreign Language Enrollment Survey Report）によれば，全米で幼稚園から高校までの間のある時点に外国語を学ぶ学生はわずか約20パーセント，大学で外国語を学ぶ学生はわずか7.5パーセントに過ぎない。応用言語学センターのナンシー・ローズ氏は，「予算の削減において，外国語は最初の削減対象の一つとなっています。それらはどうしても必要なものではないとみなされているのです」と話す。

　一部の語学専門家は，アメリカにおける外国語教育が低調であることの背景には文化的優越感が存在すると指摘している。英語を母国語としない国々では，言語は経済競争に勝利し，国家安全保障を獲得するために必須の道具だと考えられている。こうした国々にとって，外国語教育は最優先課題である。その一方で，英語はすでに国際語としての地位を揺るぎないものにしている。国立外国語センターのシュハン・ワング氏は「私たちは常に国民性と表現を象徴するバッジとして英語を使おうとしています。しかし…それは両刃の剣となります。人々が私たちのことを理解していても，私たちは彼らのことを理解していないのです」と言う。

　しかしながら，状況が改善されつつあることを示す兆しもいくつかある。アメリカの子供たちは，多文化社会でうまくやっていくには，外国語を学ぶことが最も良い方法であることを認識するようになっている。親たちもまた，学校，特に小学校における言語学習をもっと増やすように要求している。民間の語学学校が国内各地に作られており，またオンラインの学習プログラムの人気も高まりつつある。アメリカの語学教育の専門家は，現在の状況が今後改善されるだろうと予期している。

(30) **正解** 4

質問の訳 多くの雇用者が求めているのは，

選択肢の訳 1 新しいビジネスモデルの開発に関してアドバイスを与えてくれる専門家である。 2 実用的な英語を教える方法に精通した講師である。 3 彼らのビジネスを海外へと拡大するための長期戦略である。 4 英語以外の外国語を話すことができる才能ある人材である。

ポイント　第1段落第2文から，雇用者が求めているのはskilled people who have a good command of foreign languages other than English「英語以外の外国語を自由に使いこなせる人材」とわかる。

(31)　正解　1

質問の訳　アメリカで学校の言語プログラムの数が減少している理由は何ですか。

選択肢の訳　1　言語教育の予算は削減される可能性が高い。　2　国内の中学校や高校に十分な語学教育の教師がいない。　3　最近では学生は以前ほど外国語に関心を持っていない。　4　実業界では外国語力をもつ人材に対する需要が大きくない。

ポイント　第2段落第5〜6文で，応用言語学センターのナンシー・ローズ氏は外国語のプログラムに関して，are among the first things that get cut in the budget reduction「予算の削減において最初の削減対象の一つとなる」と述べている。

(32)　正解　2

質問の訳　語学専門家はアメリカ人の問題について何と話していますか。

選択肢の訳　1　彼らは社会的地位や個人の富で人々を判断する傾向がある。　2　彼らは英語以外の言語を通じて外国人を理解しようとはしない。　3　近年彼らは文化の違いを受け入れることにあまり積極的ではない。　4　彼らはグローバル化しつつある世界において国民性を失いつつある。

ポイント　一部の専門家の話しとして，外国語教育を最優先課題と考える非英語圏の諸外国に比べて，英語を母国語とするアメリカでは言語教育が低調で（第3段落第1〜3文），外国人が英語を通じてアメリカ人を理解しても，アメリカ人は外国語を通じて外国人を理解しない（最終文）と述べられている。

(33)　正解　1

質問の訳　語学専門家たちは，アメリカの外国語教育がどうなると考えていますか。

選択肢の訳　1　外国語学習はより盛んになるだろう。　2　大部分の人々は言語教育に無関心のままだろう。　3　公立学校に代わって民間の学校が外国語のコースを提供するだろう。　4　予算に合わせるために学校の外国語コースはさらに削減されるだろう。

ポイント　第4段落最終文から，アメリカの語学専門家は現在の状況が今後改善されると予期していることがわかる。「現在の状況」とはアメリカでの語学学習が低調であることを指す。

筆記3[C]

全訳　有害な太陽光線を遮断する

　長時間日光に体をさらすのは避けるべきだということは，今日では広く知られている。太陽からのすべての紫外線（UV）の中で，UVA波は最も危険である。UVA波は長い波長を持ち，肌の深いところまで入り込んで，肌の早期老化やしわ，さらに悪いことには皮膚がんなど，長期的なダメージを与える。ほとんどの人はUVA波を避けるために細心の注意を払っている。しかし，車の中でも私たちはUVA波のリスクにさらされて

いることには，たいていの人が気づいていない。通常のガラスはUVA波を遮断しないため，これらは窓を通り抜けて，私たちの皮膚を攻撃するのである。

最近の研究によると，アメリカ人の大半は，車を運転中に最も多量の日光を浴びている。アメリカの車はハンドルが左側にあるため，運転手は左側の窓から日光を浴びることが多い。その結果，UVA波による皮膚へのダメージは患者の体の左半分により多く見られることが，医師たちによって明らかにされている。UVA波からの皮膚へのダメージのリスクが特に高いのは，毎日道路で何時間も日光にさらされるトラックの運転手である。

2012年，『ニューイングランド・ジャーナル・オブ・メディシン』誌に69歳のトラック運転手の顔写真が掲載された。彼はトラックの窓を通して28年間UVA波にさらされていた。その写真は，トラックの運転手の顔の左側は太陽光によるダメージが大きく，右側は10歳あるいは20歳も若く見えるというものであった。この写真はあっという間に世界中のニュースサイトやフェイスブックに転載され，UVA波が皮膚に及ぼす危険について一般の人々の認識を高めた。

UVA波から車の運転手を守るのに効果的な方法の1つは，車のサイドウィンドウおよびリアウィンドウの内側に保護フィルムを貼ることである。最近では，車のフロントガラスはUVA波からドライバーを保護するように処理されているのがふつうであるが，サイドウィンドウやリアウィンドウはそうでないことが多い。保護フィルムは，これらの窓から入ってくるUVA波を最大99パーセントまで遮断できる。保護フィルムはまた，太陽からの熱も遮断するため，車内のエアコンの効率も高めることとなる。

---

(34) **正解** 3

質問の訳 私たちが忘れがちなのは，

選択肢の訳 **1** 皮膚がんは多くの国々で最も一般的ながんだということである。

2 日光浴をすることは私たちの健康を維持するために必要だということである。

3 通常の車の窓はUVA波の攻撃から私たちを守ることができないということである。

4 波長の長いUVA波のリスクは，私たちが車の中にいるときに大きくなるかもしれないということである。

ポイント 第1段落第5文で，たいていの人が気づいていないUVA波のリスクとして，we are at risk from UVA rays, even in cars「車の中でも私たちはUVA波のリスクにさらされている」ことを挙げている。

---

(35) **正解** 4

質問の訳 最近の研究でわかったことの1つは何ですか。

選択肢の訳 **1** 多くのアメリカ人は，UVA波による皮膚へのダメージのリスクを認識していない。 **2** ほとんどの自動車は，有害な太陽光線から運転手や同乗者を守ることができない。 **3** アメリカでは皮膚がんの患者数が増加している。 **4** トラックの運転手は，がんを引き起こすUVA波のリスクにさらされることがより多い。

ポイント 第2段落最終文で，トラックの運転手は expose themselves to the sun on the road for many hours every day「毎日道路で何時間も日光にさらされる」ため，UVA

波による皮膚へのダメージのリスクが特に高いと述べている。

(36) 　正解　 2

質問の訳　2012年に『ニューイングランド・ジャーナル・オブ・メディシン』誌に掲載された写真は,

選択肢の訳　1　多くのトラック運転手が転職を考えるきっかけとなった。　2　UVA波がどのような深刻なダメージを皮膚に与える可能性があるかを人々に教えた。
3　トラック運転手に皮膚がんの検査を受けるように促した。　4　トラック運転手の1日の労働時間を制限することにつながった。

ポイント　第3段落最終文で, UVA波によって顔の左側の皮膚にダメージを受けたトラック運転手の写真は, raised awareness among the public about the dangers of UVA rays on our skin「UVA波が皮膚に及ぼす危険について一般の人々の認識を高めた」と述べている。

(37) 　正解　 4

質問の訳　車の窓に保護フィルムを貼ることの利点の1つは何ですか。

選択肢の訳　1　それは窓ガラスの寿命を大幅に延ばす。　2　それはエアコンを使わずに車内を涼しい状態に保つ。　3　それは人々が運転中に居眠りするのを防ぐ。
4　それは車の窓から入ってくる有害な紫外線を減らす。

ポイント　第4段落第3文で, 保護フィルムの効果として, can block up to 99% of the UVA rays that enter through these car windows「窓から入ってくるUVA波を最大99パーセントまで遮断できる」と述べている。

(38) 　正解　 4

質問の訳　次の記述のうち正しいものはどれですか。

選択肢の訳　1　自動車メーカーは, フロントガラスに保護フィルムを貼ることをドライバーに推奨している。　2　太陽からのUVA波の大部分は地表に到達する前に遮断される。　3　トラック運転手の多くは, すべての車の窓ガラスを保護フィルムで処理する経済的余裕がない。　4　69歳のトラック運転手の顔の左側は, 右側よりもUVA波によるダメージが大きいように見えた。

ポイント　第3段落第3文に, 『ニュー・イングランド・ジャーナル・オブ・メディシン』誌に写真が掲載されたトラック運転手の顔は, 右側に比べて太陽光に当たっていた左側のほうがダメージがずっと大きく, 右側は10歳あるいは20歳若く見えたことが述べられている。

筆記4

TOPIC の訳　親は子供を動物園にもっと連れて行くべきだと言う人がいます。あなたはこの意見に賛成ですか。

POINTS の訳　●自然　●教育　●保護

解答例1　（賛成意見）I think parents should take their children to zoos more often. I have two reasons for this opinion. First, children can see many different animals from many parts of the world there. It helps children learn a lot about animals beyond their school education. Second, by visiting zoos, parents can teach their children the purpose of taking care of animals in zoos. They can tell their children about some endangered animals and the importance of conserving those precious animal species. For these two reasons, I agree with this opinion.

解答例の訳 私は，親はもっと頻繁に子供を動物園に連れて行くべきだと思います。この意見を支える理由は2つあります。まず，子供はそこで世界各地から来たさまざまな動物を見ることができます。それによって，子供たちは学校教育の枠を超えて，動物についていろいろなことを学ぶことができます。2つ目は，動物園に行くことによって，親は動物園で動物を保護する目的を子供に教えることができます。彼らは子供たちに絶滅の危機に瀕している動物や，そうした貴重な動物種を保護することの重要性を教えることができます。この2つの理由から，私はこの意見に賛成です。

解答例2 （反対意見） I do not think parents should take their children to zoos more often. First, all the animals you can see at zoos are taken care of by humans every day. They don't live in the wild, so children can't experience the wonder of nature at zoos. Second, not all children love animals. Some children are afraid of animals, or simply feel uncomfortable seeing animals up close. No educational benefits can be expected even if parents take those children to zoos. For these two reasons, I don't agree with this opinion.

解答例の訳 私は，親はもっと頻繁に子供を動物園に連れて行くべきだとは思いません。第一に，動物園で見ることができる動物はすべて毎日人間が世話をしているのです。それらは野生の動物ではないので，子供たちは動物園で自然のすばらしさを体験することはできません。第二に，すべての子供が動物が好きだというわけではありません。動物をこわがったり，間近で動物を見ることをとにかく不快に感じたりする子供もいます。親がそのような子供たちを動物園に連れて行っても，教育上の効果は全く期待できません。この2つの理由から，私はこの意見に賛成できません。

ポイント 賛成／反対の立場は，2つの理由を挙げながら確実に自分の意見をまとめられるほうを選ぶ。最終文では，第1文をそのまま繰り返さずに，解答例のように I agree[don't agree] with this opinion. のように締めくくってもよい。

リスニング・第1部

No.1 **正解** **1**

放送文 *A:* Greg and I are going to dinner at Marco's Seafood. Won't you come with us, Cathy? *B:* Sure, but I'll have to finish this sales report first. I'll join you at the restaurant in twenty minutes or so. Marco's Seafood is next to a bank near Astoria Park, right? *A:* That's right. They serve dishes at reasonable prices every evening. *B:* I know. I've wanted to try them too. You don't have to wait for me.
Question: Why can't Cathy go with her co-workers?

全訳 A：グレッグとぼくはマルコズ・シーフードに夕食を食べに行くんだ。キャシー，

きみもいっしょに来ないか？　B：ええ，いいわよ。でも，まずこの営業報告書を書き終えないといけないの。あと20分ほどでレストランで合流するわ。マルコズ・シーフードはアストリア・パークの近くの銀行の隣よね？　A：そうだよ。あの店では毎晩手頃な値段で料理を出してくれるんだ。　B：知ってるわ。私もずっと食べてみたかったの。先に食べ始めててね。

質問の訳　キャシーはなぜ同僚といっしょに行くことができないのですか。

選択肢の訳　**1**　彼女には終えるべき仕事がある。　**2**　彼女はクライアントを待っている。　**3**　彼女はもう夕食を食べ終えた。　**4**　彼女はまず銀行に寄らなければならない。

ポイント　B（＝Cathy）は1回目の発言で，I'll have to finish this sales report first と話している。

No.2　**正解**　4

放送文　**A:** Excuse me. Could you tell me which bus goes to the Geo-Center from here?　**B:** The No. 7 bus takes you to the center, but the eleven o'clock bus has just left. You have to wait for 20 minutes until the next one comes.　**A:** I see. Maybe I'll kill time at a café.　**B:** Just a moment, ma'am. The No. 14 bus over there also takes you near the center. Get off the bus at Rose Park. It's just a few-minutes walk from there to the Geo-Center.

Question: What does the man suggest the woman do?

全訳　A：すみません。どのバスがここからジオセンターまで行くか教えていただけますか。　B：7番のバスに乗れば，センターまで行きますが，11時のバスがちょうど出たばかりですね。次のバスが来るまで，20分お待ちいただくことになります。A：わかりました。カフェで時間をつぶすことにします。　B：お待ちください，お客様。向こうの14番のバスもセンターの近くまで行きますよ。ローズ・パークで降りてください。そこからジオセンターまでは歩いてほんの2，3分です。

質問の訳　男性は女性が何をすることを提案していますか。

選択肢の訳　**1**　ジオセンターまで歩く。　**2**　カフェで時間をつぶす。　**3**　7番の次のバスを待つ。　**4**　14番のバスに乗る。

ポイント　B（＝バス案内係の男性）は2回目の発言で，The No. 14 bus over there also takes you near the center. と案内している。

No.3　**正解**　4

放送文　**A:** Hello, Joyce! Long time no see. When was the last time we saw each other?　**B:** It was at the high school class reunion three years ago, Kevin. How are you doing these days?　**A:** I'm working at a bank. It's hard for me because I come home late every night from work. How about you?　**B:** I left my job at a publishing company last month. I'm going to start an online cosmetics shop.

Question: What do we learn about Joyce and Kevin?

全訳　A：やあ，ジョイス！　久しぶりだね。この前会ったのはいつだったっけ？　B：3年前の高校の同窓会よ，ケヴィン。最近どうしてるの？　A：銀行に勤めている

よ。毎晩仕事で帰りが遅いから大変だよ。きみはどう？　B：私は先月出版社を辞めたの。化粧品のネットショップを立ち上げる予定よ。

質問の訳　ジョイスとケヴィンについて何がわかりますか。

選択肢の訳　**1**　彼らはいっしょに働いたことがある。　**2**　彼らは別の都市に引っ越す予定である。　**3**　彼らは転職した。　**4**　彼らは同じ高校に通っていた。

ポイント　B（＝ Joyce）の発言の It was at the high school class reunion three years ago が手がかり。class reunion は「同窓会」のこと。

No.4　**正 解**　3

放送文　*A:* What's your New Year's resolution, Gerald?　*B:* I'll lose weight. I'm a little worried about my health. I've decided to walk to and from the station instead of using the bus. It should take about 20 minutes from my house.　*A:* That's a good idea. It'll be pretty good exercise. I hope you can achieve your goal.　*A:* Thank you. I'll do my best.

Question: Why has the man started walking to the station?

全訳　A：ジェラルド，あなたの新年の抱負は何？　B：減量することさ。ちょっと健康が心配なんだ。駅までの行き帰りをバスを使う代わりに歩くことにしたんだ。自宅からは約20分かかるんだよ。　A：それはいい考えね。結構いい運動になるわ。目標を達成できるといいわね。　A：ありがとう。がんばるよ。

質問の訳　なぜ男性は駅まで歩くようになったのですか。

選択肢の訳　**1**　彼はお金を節約したいと思っている。　**2**　彼は歩くことが好きだ。　**3**　彼は体重を減らす必要がある。　**4**　彼は混雑したバスが我慢ならない。

ポイント　A から新年の抱負を聞かれ，B（＝ Gerald）は I'll lose weight. と答えている。

No.5　**正 解**　3

放送文　*A:* Mom, there is a TV program I want to watch later. Can you record it for me?　*B:* Give it a try yourself, John. I'll show you how to record a TV program and play it later.　*A:* It looks too complicated for me.　*B:* Don't worry. You'll find it easier than you expected.

Question: What will the boy's mother do for him?

全訳　A：お母さん，あとで見たいテレビ番組があるんだけど。録画しておいてくれない？　B：自分でやってみなさいよ，ジョン。テレビ番組を録画して再生する方法をあとで教えてあげるわ。　A：ぼくには難しすぎるように見えるけど。　B：心配しないで。あなたが考えていたよりずっと簡単だってわかるわよ。

質問の訳　母親は少年のために何をしますか。

選択肢の訳　**1**　テレビのチャンネルを変える。　**2**　彼に DVD を買ってやる。　**3**　彼にテレビの録画機の使い方を教える。　**4**　彼のためにテレビ番組を録画する。

ポイント　B（＝母親）は最初の発言で，A（＝ John）に I'll show you how to record a TV program and play it later. と答えている。

No.6 正 解 2

放送文 *A:* Delon Research Company. David speaking. *B:* Hi, David. This is Helen Steiner. Can I talk to my husband? *A:* I'm sorry, Helen. He got back from a meeting ten minutes ago, but he just went out for lunch with his clients. He should be back at the office in an hour or so. *B:* Oh, I see. I'll call back later then.

Question: What is Helen's husband doing now?

全訳 A：デロン調査会社のデイヴィッドです。 B：もしもし，デイヴィッド。ヘレン・シュタイナーです。夫と代わっていただけるかしら。 A：申し訳ない，ヘレン。彼は10分前に打ち合わせから戻ってきたんだけど，彼のクライアントとたった今昼食に出かけちゃったんだ。1時間かそこらでオフィスに戻ってくるはずだけど。 B：あら，わかったわ。それでは，あとでまた電話します。

質問の訳 ヘレンの夫は今何をしていますか。

選択肢の訳 **1** クライアントのオフィスで商談中である。 **2** 彼のクライアントと昼食を食べている。 **3** 社内の会議に出席している。 **4** クライアントと電話で話している。

ポイント 2往復目でA（＝David）は，B（＝Helen）の夫が席を外している理由を，he just went out for lunch with his clientsと説明している。

No.7 正 解 4

放送文 *A:* Dorothy, will you take a look at this? I can't log into this website. My password seems to be wrong. *B:* How about asking the website to issue you a new password? *A:* Can you tell me how to do that? *B:* Sure. Type in your e-mail address here and click the "Send" button.

Question: What is the man's problem?

全訳 A：ドロシー，ちょっと見てくれる？ このウェブサイトにログインできないんだ。ぼくの入れたパスワードが違っているようだ。 B：そのウェブサイトに新しいパスワードを発行してくれるように頼んでみたらどう？ A：どうやればいいか教えてくれる？ B：もちろん。ここにあなたの電子メールアドレスを打ち込んで，「送信」ボタンをクリックするのよ。

質問の訳 男性の問題は何ですか。

選択肢の訳 **1** 彼のコンピューターが壊れている。 **2** 彼は電子メールを送信できない。 **3** 彼は間違ったボタンをクリックした。 **4** 彼のパスワードが受け付けてもらえない。

ポイント 1往復目でA（＝男性）はI can't log into this website.と言っており，ログインできない原因について，My password seems to be wrong.と推測している。

No.8 正 解 2

放送文 *A:* Hi, Bill. I didn't expect to see you here. Do you like to appreciate paintings? *B:* Hi, Lily. Yes, I like seeing good paintings. Actually, I was looking forward to this exhibition starting today. Some of my favorite painter's paintings are displayed. *A:* I see. How about seeing the whole exhibition together if you haven't seen them yet?

B: Sure. I've just arrived here.

Question: What will Bill and Lily probably do next?

全訳　A：こんにちは，ビル。ここであなたと会うとは思わなかったわ。絵を鑑賞するのが好きなの？　B：やあ，リリー。うん，良い絵画を見るのは好きだよ。実は，今日から始まるこの展覧会を楽しみにしていたんだ。大好きな画家の絵が何点か展示されているんだ。　A：なるほど。まだ見ていないなら，展覧会全体を一緒に見ない？　B：いいよ。ちょうど来たところなんだ。

質問の訳　ビルとリリーはこのあと何をしますか。

選択肢の訳　**1**　ビルが大好きな画家に会う。　**2**　一緒に展覧会を見る。　**3**　一緒に絵を描く。　**4**　別の美術館を訪ねる。

ポイント　2往復目でA（＝Lily）は，一緒に展覧会全体を見ることを提案し，B（＝Bill）もSure.と答えている。

No.9　**正解**　1

放送文　*A:* Your cookies look very delicious. I'd like ten chocolate and ten orange please. My daughter loves cookies. *B:* Certainly, sir. How about some almond ones? We'll pack the cookies in our special metal Christmas box if you buy thirty cookies in all. *A:* Sounds nice. She can use it to keep her accessories after she enjoys the cookies. *B:* I'm sure your daughter will be glad.

Question: What does the woman say to the man?

全訳　A：こちらのお店のクッキーはとてもおいしそうですね。チョコレートとオレンジを10枚ずつください。娘がクッキーが大好きなんです。　B：かしこまりました，お客様。アーモンドはいかがでしょうか？　全部で30枚お求めになられると，当店の特別クリスマス・メタルボックスにクッキーをお詰めいたしますが。　A：それはいいですね。彼女がクッキーを楽しんだ後に，アクセサリーを入れるのに使えますね。B：お嬢様はきっとお喜びになりますよ。

質問の訳　女性は男性に何と言っていますか。

選択肢の訳　**1**　クッキーを特別な箱に入れる。　**2**　無料でアーモンドクッキーを追加する。　**3**　彼の娘にアクセサリーをあげる。　**4**　通常価格から値引きする。

ポイント　B（＝店員）は最初の発言の3文目で，クッキーを全部で30枚買うと特別のメタルボックス（金属製の箱）に詰めると言っている。

No.10　**正解**　4

放送文　*A:* Hello? *B:* Hi, Colin. It's Lucy. I just came home and heard your message about your dog, Lily. What's wrong with her? *A:* Thanks for calling me back. Actually, she wouldn't eat anything or go out for a walk this morning. You know a lot about dogs, so I wanted to ask you for advice on what to do. *B:* Oh, I'm sorry I wasn't able to get the phone. What did you do after all? *A:* I took her to the animal hospital this afternoon. I was told she might have gotten a bit tired due to the heat.

Question: Why is the woman calling the man?

全訳　A：もしもし？　B：もしもし，コリン。ルーシーよ。今帰宅して，あなたの犬のリリーのことでメッセージを聞いたところよ。リリー，どうしたの？　A：電話を折り返してくれてありがとう。実はね，彼女は今朝，何も食べようとしないし，散歩にも行きたがらなかったんだ。きみは犬に詳しいから，どうすべきかきみにアドバイスをもらいたかったんだ。　B：あら，電話に出られなくてごめんなさい。結局あなたはどうしたの？　A：午後に彼女を動物病院に連れて行ったよ。この暑さで少しばてちゃったんだろうって言われたよ。

質問の訳　なぜ女性は男性に電話しているのですか。

選択肢の訳　**1**　彼の病気の犬を助けることを申し出るため。　**2**　彼に犬に関するさらなるアドバイスを与えるため。　**3**　彼に彼女が知っているいちばん良い動物病院のことを知らせるため。　**4**　彼の犬に何があったのかを尋ねるため。

ポイント　B（＝Lucy）は1回目の発言で，今帰宅して犬のリリーに関するメッセージを聞いたと話しており，What's wrong with her?と犬の様子を尋ねている。

No.11　**正解**　2

放送文　*A:* Hello. My daughter wants to ride on the Flying Rabbit, but she's only seven years old. Is it safe for her to ride it by herself? *B:* Yes, sir. It is suitable for kids aged six and up, so she can enjoy the ride alone safely. *A:* Good. I'd like to buy a ticket for my daughter, then. *B:* Certainly. That'll be two dollars and fifty cents.

Question: What does the man ask about the Flying Rabbit?

全訳　A：こんにちは。私の娘がフライング・ラビットに乗りたいと言うのですが，彼女はまだ7歳なのです。娘が1人で乗っても安全でしょうか。　B：はい，お客様。対象は6歳以上のお子様となっておりますので，お嬢様はおひとりでこの乗り物を安全に楽しむことができます。　A：それはよかったです。それでは，娘のためにチケットを1枚買いたいのですが。　B：かしこまりました。2ドル50セントになります。

質問の訳　男性はフライング・ラビットの何について尋ねていますか。

選択肢の訳　**1**　娘は割引を受けられるか。　**2**　娘が乗るのに安全かどうか。　**3**　乗り物が次に発車するのは何時か。　**4**　乗車時間はどのくらいか。

ポイント　A（＝男性客）は1往復目で，Is it safe for her to ride it(=the Flying Rabbit) by herself?と尋ねている。

No.12　**正解**　1

放送文　*A:* I heard you'd decided to change jobs, Ellen. That's too sudden. You should take more time before making a decision. *B:* I think I've thought it over enough. I'm too tired after working overtime every day. *A:* How about asking our boss to reduce your overtime?

B: I've already tried that, too.

Question: What has the woman decided to do?

全訳　Ａ：転職することにしたって聞いたよ，エレン。ずいぶん急な話だね。決断する前にもっとじっくり考えたほうがいいと思うけどなあ。　Ｂ：もう十分すぎるくらい考えたと思うわ。毎日の残業で疲れ切ってしまっているの。　Ａ：上司に残業時間を減らしてくれるように頼んでみてはどうだい？　Ｂ：それももう試したわ。

質問の訳　女性はどうすることにしましたか。

選択肢の訳　**1**　転職する。　**2**　自分で事業を始める。　**3**　異動願いを出す。
4　残業時間を減らす。

ポイント　Ａ（＝男性）が最初の発言で，I heard you'd decided to change jobs, Ellen. と言っている。

No.13 **正解** 4

放送文 *A:* Thank you for inviting me to dinner, Yuki.　*B:* You're welcome, Larry. I wanted you to taste some traditional Japanese home cooking while you're staying in Japan.　This is called tempura.　*A:* I've never had anything like this.　It's very delicious!　I wish I could cook it by myself.　*B:* It's not that difficult.　I'll show you some recipes later.　These days, you can get some Japanese food ingredients at reasonable prices, even in America.

Question: What is one thing the man says about the food?

全訳　Ａ：夕食に招待してくれてありがとう，ユキ。　Ｂ：どういたしまして，ラリー。あなたが日本にいる間に，日本の伝統的な家庭料理を食べてほしかったの。これは「天ぷら」と呼ばれているのよ。　Ａ：ぼくはこういう料理を一度も食べたことがないよ。とてもおいしいね！　こういうの，自分で料理できたならいいのになあ。　Ｂ：そんなに難しくないわよ。あとで作り方を教えてあげるわ。最近はアメリカでも手頃な値段で手に入る日本の食材があるしね。

質問の訳　男性が食べ物について話していることの1つは何ですか。

選択肢の訳　**1**　彼は以前にそれを食べたことがある。　**2**　それは彼の好みに合わない。
3　それを作るには高価な食材が必要である。　**4**　彼は自分でそれを料理してみたい。

ポイント　夕食に招待されたＡ（＝ Larry）は2往復目で，出された天ぷらについて，It's very delicious! とほめ，I wish I could cook it(=tempura) by myself. と言っている。

No.14 **正解** 1

放送文 *A:* Brenda, I didn't see you at the club meeting yesterday.　You surely didn't forget it?　*B:* No, of course not.　I had a terrible toothache yesterday.　I couldn't stand it, so I went to see the dentist after school.　I'm sorry, Alan.　*A:* Oh, that's all right.　How are you feeling this morning?　*B:* Much better, thanks.

Question: Why was the girl absent from the club meeting yesterday?

全訳　Ａ：ブレンダ，きみは昨日のクラブミーティングに出ていなかったね。まさか忘れたんじゃないよね？　Ｂ：まさか，違うわ。昨日は歯がとても痛かったの。我慢

できなかったので，放課後に歯医者に行ったのよ。ごめんなさい，アラン。　A：ああ，それはいいんだよ。今朝の気分はどうなんだい？　B：ずっといいわ。ありがとう。

質問の訳 なぜ少女は昨日クラブのミーティングを欠席したのですか。

選択肢の訳 **1** 彼女は歯がひどく痛かった。　**2** 彼女は学校を早退した。　**3** 彼女は授業のあとでとても疲れた。　**4** 彼女はミーティングのことを忘れた。

ポイント B（＝Brenda）はA（＝Alan）に，昨日のクラブミーティングを欠席した理由を，I couldn't stand it（=toothache），so I went to see the dentist ...と説明している。

No.15 正解 3

放送文 *A:* I think we need to refresh ourselves, Isabel. Why don't we go on a trip somewhere? *B:* I'd love to, Paul, but I've got a really tight schedule these days. I don't think I can take a vacation for the time being. *A:* What about a weekend trip? If we leave after work on Friday evening, we'll be able to come back on Sunday evening. *B:* That sounds like a good idea. I think I can manage to find time for it.
Question: What does Paul suggest to Isabel that they do?

全訳　A：イザベル，ぼくたちには気分転換が必要だと思うんだ。どこかに旅行に行かないか？　B：ぜひそうしたいわ，ポール。でも，このところスケジュールがとても厳しいの。当分は休暇を取れそうもないわ。　A：週末旅行はどうだい？　金曜日の夕方，仕事が終わったあとに出発すれば，日曜日の夕方に戻って来られるよ。　B：それはいい考えね。それなら何とか時間を作れると思うわ。

質問の訳　ポールはイザベルに何をすることを提案していますか。

選択肢の訳 **1** 週末に出勤する。　**2** まるまる1週間休暇を取る。　**3** 週末旅行を計画する。　**4** ツアーに申し込む。

ポイント　休暇を取れそうにないと話すB（＝Isabel）に，A（＝Paul）は2番目の発言で，What about a weekend trip?と提案している。

No.16 正解 2

放送文 Satomi is a high school student who lives in a town near the sea. One morning, when she was walking along the beach, she found many glass bottles. She thought it would be dangerous to leave them as they were. That day at school, she told her classmates about what she saw on the beach and suggested they start a volunteer group to clean up the beach. Now, Satomi and her classmates do the cleaning along the beach before they go to school every morning.
Question: What did Satomi and her classmates start to do?

全訳　サトミは海の近くにある町に住む高校生である。ある朝のこと，浜辺を散歩していたとき，彼女はたくさんのガラスびんを見つけた。彼女はそれらをそのままにしておくのは危ないと思った。その日，学校で，彼女はクラスメイトたちに彼女が浜辺で見たものについて話し，浜辺を清掃するボランティアグループを始めることを提案した。今，サトミと彼女のクラスメイトたちは，毎朝学校へ行く前に浜辺で清掃作業をしている。

質問の訳 サトミと彼女のクラスメイトたちは何を始めましたか。

選択肢の訳 **1** 町のボランティア活動に参加する。 **2** 毎朝浜辺を掃除する。 **3** 人々に浜辺をきれいにするように求める。 **4** ガラスびんをリサイクルに持ち込む。

ポイント 第4～5文から，サトミはサトミの話を聞いたクラスメイトたちと浜辺を清掃するボランティアを始めたことがわかる。

No.17 **正解** 3

放送文 The giraffe has some unique features. It has a long neck, up to two meters in length. However, the neck has the same seven bones as humans and most mammals have. Thanks to its long neck, the giraffe can eat the leaves from the tops of the trees that other grass-eating animals cannot reach.

Question: What is one thing we learn about the giraffe's neck?

全訳 キリンはいくつかの固有の特徴を持っている。キリンは長さ2メートルにも達する長い首を持っている。しかし，その首の骨の数は人間および大部分のほ乳類と同様7本である。その長い首のおかげで，キリンはほかの草食動物が届かない木のてっぺんに生えている葉を食べることができる。

質問の訳 キリンの首についてわかることの1つは何ですか。

選択肢の訳 **1** それには人間よりも多くの骨がある。 **2** それは敵から身を守るのに役立つ。 **3** それは木の高いところにある葉を食べるのに役立つ。 **4** それは水を飲むために縮めることができる。

ポイント 最終文で，キリンの首が長い利点について，the giraffe can eat the leaves from the tops of the trees ... と説明している。

No.18 **正解** 4

放送文 Louise bought a sweater at an online shop last week. It looked very nice, and its price was reasonable. However, when the sweater arrived and she tried it on this afternoon, she found a hole in one of its arms. Louise felt disappointed because she wanted to wear it right away. She is going to call the shop and ask them to replace it.

Question: Why does Louise have to call the shop?

全訳 先週，ルイーズはオンラインショップでセーターを買った。それはとてもすてきだったし，値段も手頃だった。ところが，今日の午後セーターが届いて，彼女がそれを試着してみると，片方の袖に穴が開いていることに気づいた。ルイーズはすぐにそれを着たかったので，がっかりした。彼女は店に電話して，それを交換してくれるよう頼むつもりである。

質問の訳 なぜルイーズは店に電話しなければならないのですか。

選択肢の訳 **1** 彼女は別の商品を注文したい。 **2** 店は彼女に違う商品を送った。 **3** 彼女が注文した品物がまだ届いていない。 **4** 彼女は損傷のある商品を受け取った。

ポイント 第3文から，ルイーズが買ったセーターの「片方の袖に穴が開いていた」ことがわかる。

No.19 **正解** 3

放送文 Matt works for a food company. He always feels sad to see a lot of unsold food products thrown away, even if they can be eaten without any problems. Recently, he learned about food banks on the Internet. They collect unsold food from food companies and give it to people who need it. Matt will talk to his boss about what he learned and suggest to him that his company use the system.

Question: What does Matt want to do?

全訳 マットは食品会社に勤めている。彼はいつも，売れ残りのたくさんの食品が全く問題なく食べられるのに廃棄されるのを見て悲しく思っている。最近, 彼はインターネットでフードバンクのことを知った。それらは食品会社から売れ残った食品を集めて, それを必要としている人々に提供する。マットは自分が学んだことについて上司に話し, 会社がそのシステムを利用することを提案するつもりである。

質問の訳 マットは何がしたいのですか。

選択肢の訳 **1** 彼の会社の売り上げを増やす。 **2** 上司に昇給を要求する。 **3** 彼の会社からの食品ロスを防ぐ。 **4** 彼の会社のために新しい食品を開発する。

ポイント 第3文以降から，マットは売れ残った食品を廃棄せずにフードバンクに提供することを上司に提案しようとしていることがわかる。

No.20 **正解** 3

放送文 Welcome to the first evening of the Bansbury Music Festival! As we announced in advance, tonight's special guest is a world-famous pop singer, Sarah Stevens. She will arrive soon to sing some of her most popular songs for us. After that, she will be holding an autograph session for her fans in the lobby. Thank you.

Question: What will the singer do after her performance?

全訳 バンズベリー音楽祭初日の夜へようこそおいでくださいました！　すでにお知らせしましたように, 今夜の特別ゲストは世界的に有名なポップス歌手, サラ・スティーヴンスさんです。彼女はまもなく会場に到着し, 彼女の最も人気ある曲を何曲か私たちのために歌ってくださいます。そのあとで, 彼女はロビーにてファンの皆様のためにサイン会を開いてくださることになっています。ご案内は以上です。

質問の訳 歌手は公演のあとで何をしますか。

選択肢の訳 **1** 別のイベントで公演を行う。 **2** ロビーで彼女のCDアルバムを売る。 **3** 彼女のファンのためにサインをする。 **4** 新曲を歌う。

ポイント アナウンスの最後のほうから, 歌手は公演のあとで, ロビーでファンのためにサイン会を開くとわかる。

No.21 **正解** 1

放送文 Laura has been teaching English at a high school in Tokyo since she came to Japan three years ago. She is enjoying her life and job in Japan, but sometimes she feels lonely. This summer, her parents in Texas are going to visit Tokyo to see her. She is planning to take them to some of her favorite tourist spots and restaurants in Tokyo.

Question: What is Laura going to do this summer?

全訳 3年前に日本に来てから，ローラは東京の高校で英語を教えている。彼女は日本での生活と仕事を楽しんでいるが，時々寂しくなることがある。この夏，テキサス州に住む彼女の両親が彼女に会いに東京を訪れることになっている。彼女は両親を東京のお気に入りの観光名所や料理店に連れて行く予定である。

質問の訳 ローラはこの夏に何をする予定ですか。

選択肢の訳 **1** 彼女の両親を東京見物に連れて行く。 **2** 彼女の生まれ故郷に戻る。
3 日本の伝統料理の作り方を習う。 **4** 夏期講習で学生たちに教える。

ポイント ローラの両親は今年の夏に東京を訪れる予定で，最終文から，ローラは is planning to take them to some of her favorite tourist spots and restaurants in Tokyo「両親を東京のお気に入りの観光名所や料理店に連れて行く予定である」とわかる。

No.22 **正解** 3

放送文 Every winter, heavy snowfall causes great damage to houses and infrastructure in the midwestern states of the United States. If the snow contains a lot of moisture, the damage can be worse. House roofs can cave in under the pressure of damp snow. Sometimes power lines are cut off, and it causes power failures in wide areas of the Midwest.

Question: What do we learn about damp snow?

全訳 毎年冬になると，大雪はアメリカ中西部の州にある家やインフラに大きな被害を引き起こす。雪が湿り気を多く含んでいる場合は，被害はより深刻になる可能性がある。家の屋根は湿り気を含んだ雪の圧力で崩落することがある。時には電線が切断され，中西部の広範囲の地域で停電が発生する。

質問の訳 湿り気を含む雪についてわかることは何ですか。

選択肢の訳 **1** それは交通の流れを遅くする。 **2** それは人々の外出を妨げる。
3 それは電気を止める。 **4** それは大気の湿度を上げる。

ポイント 最後の2つの文で，湿った雪（damp snow）が引き起こす災害について述べている。最終文に出てくる power line「電線」，power failures「停電」のように，名詞の power はしばしば「電力」という意味で用いられる。

No.23 **正解** 2

放送文 Welcome to Windale Amusement Park. We're sorry to announce that "the Mine Coaster" is closed for maintenance today. However, you can enjoy the other roller coaster, "the Dragon Coaster," and our popular swing ride, "AirWalker II." Also, don't miss our 15th anniversary special parade. It starts at 2 p.m. and 4 p.m. along Main Street. Thank you.

Question: What is one thing we learn from this announcement?

全訳 ウィンデール遊園地へようこそ。たいへん申し訳ございませんが，本日は「マイン・コースター」が保守点検のために運休となっております。しかしながら，もう1

つのジェットコースターである「ドラゴン・コースター」，それに当園人気のスイング・ライド「エア・ウォーカーⅡ」はお楽しみいただけます。また，当園15周年記念特別パレードもどうぞお見逃しなく。メインストリートにおきまして午後2時と午後4時の開始となります。ご案内は以上です。

質問の訳 このアナウンスからわかることの1つは何ですか。

選択肢の訳 **1** 新しいスイング・ライドが導入されたばかりである。 **2** 今日は2つあるジェットコースターのうちの1つが運休している。 **3** 今日は遊園地の閉園時間がいつもより早い。 **4** 来園者はパレードを2時間楽しめる。

ポイント アナウンスの第2～3文で，遊園地にある2つのジェットコースターのうち，"the Mine Coaster"が今日は運休していることを伝えている。

No.24 **正解** **1**

放送文 Many health experts say that heart disease is related to our modern eating habits and lifestyles. However, recent research has revealed that ancient people suffered from the disease. The research team took X-ray scans of 20 Egyptian mummies that date back more than 3,500 years. They found evidence of heart disease in many of the mummies. Researchers believe heart disease had already been common, at least among the rich people of Ancient Egypt.

Question: What is one thing we learn about heart disease?

全訳 多くの健康の専門家は，心臓病は現代の食習慣やライフスタイルと関係していると言う。しかし，最近の研究によって，古代人がこの病気にかかっていたことが明らかになった。研究チームは，3,500年以上前に作られたエジプトのミイラ20体についてX線検査を行った。研究者たちはそのミイラの多くに心臓病の痕跡を発見した。研究者たちは，心臓病は古代エジプトにおいて，少なくとも富裕層の間ですでに日常的なものとなっていたと考えている。

質問の訳 心臓病についてわかることの1つは何ですか。

選択肢の訳 **1** 古代人もそれを患っていた。 **2** 古代においてはそれを治すことができなかった。 **3** それは現代人にだけ見られる。 **4** 裕福な人のほうがそれを患う可能性が高い。

ポイント 第4～5文で，古代エジプトの富裕層の間ではheart disease had already been common「心臓病がすでに日常的なものになっていた」と述べている。

No.25 **正解** **4**

放送文 Last Sunday afternoon, when Robert was walking along the street, he noticed a lot of people waiting in a line in front of a bookstore. The store clerk told him that a popular novelist was going to hold an autograph session there. Robert joined the line, and was able to get an autograph from the novelist. He felt lucky because he had not expected such an event in his town.

Question: What happened to Robert last Sunday?

全訳 この前の日曜日の午後，ロバートが通りを歩いていると，大勢の人が本屋の

前で列を作っているのに気づいた。店員は彼に，人気作家がその店でサイン会を開くと教えてくれた。ロバートも列に加わって，その小説家からサインをもらうことができた。彼は自分の町でそのようなイベントがあると思っていなかったので，ついていると思った。

質問の訳 この前の日曜日，ロバートにどんなことが起こりましたか。

選択肢の訳 **1** 彼はツアーのチケットが当たった。 **2** 彼はイベントに参加するように頼まれた。 **3** 彼は本屋でおもしろい本を見つけた。 **4** 彼は作家からサインをもらった。

ポイント 第２～３文から，ロバートは偶然通りかかった本屋で人気作家のサイン会があることを知り，自分も並んで作家からサインをもらうことができたことがわかる。

No.26 正解 1

放送文 Todd had been working for an insurance company in New York for two years. Three years ago, however, his parents in California fell ill one after another during farm work. Fortunately, both of them returned to work in one month, but last year, Todd quit his job to take over his parents' farm. Even though he had often helped them with their farm work during his college days, he still had a lot of things to learn about running a farm. Now he is studying agriculture by himself while helping his parents with their farm work.

Question: What happened to Todd last year?

全訳 トッドはニューヨークで２年間保険会社に勤めていた。しかし，３年前，カリフォルニアの彼の両親が農作業中に相次いで病気で倒れた。幸い２人とも１か月で仕事に復帰したが，昨年トッドは両親の農場を引き継ぐために仕事を辞めた。彼は大学生時代に両親の農作業をよく手伝っていたが，農場経営について学ぶべきことがまだたくさんあった。現在，彼は両親の農作業を助けながら，独学で農業を勉強している。

質問の訳 昨年トッドに何が起きましたか。

選択肢の訳 **1** 彼は両親の農場を引き継ぐことにした。 **2** 彼は勤務中に具合が悪くなった。 **3** 彼は大学で農業を勉強し始めた。 **4** 彼は保険会社に就職した。

ポイント 第３文後半のから，トッドは昨年，それまで勤めていた保険会社を辞めて，両親の農場を引き継ぐことにしたとわかる。

No.27 正解 4

放送文 These days, many airline companies are introducing stress-free seats for first-class and business-class passengers. However, it is not easy for economy-class passengers to sleep well in regular seats. Therefore, many travelers take some items with them to help them sleep better on planes. Some travelers take an eye mask or a travel pillow with them so that they can relax as much as possible during flights.

Question: What is one problem we learn about economy-class passengers?

全訳 最近では，多くの航空会社がファーストクラスやビジネスクラスの乗客のために，ストレスを感じない座席を導入している。しかし，エコノミークラスの乗客にとっては，通常の座席でぐっすり眠るのは簡単なことではない。そのため，多くの旅行者は，飛行

機でよりよく眠れるように小物を持って行く。旅行者の中には，フライトの間できるだけリラックスできるように，アイマスクや旅行用枕を持参する人もいる。

質問の訳 エコノミークラスの乗客に関してわかる問題の１つは何ですか。

選択肢の訳 **1** 彼らは好きなものを食べることができない。 **2** 彼らは最も良い座席を選ぶことができない。 **3** 彼らには値段の高い座席に座る余裕がない。 **4** 彼らは簡単に寝つけない。

ポイント エコノミークラスの乗客が経験する問題を，第２文で it is not easy ... to sleep well in regular seats と説明している。

No.28 **正解** 4

放送文 Good morning, students. Today's lecture about the Internet revolution will be in two parts. In the first part, we'll study a brief history of the Internet: how it came to be part of our daily lives and has developed rapidly since the 1990s. In the second part, we'll study some of the impacts the Internet can have on our society.

Question: What will the second part of the lecture be about?

全訳 おはようございます，学生のみなさん。インターネット革命についての本日の講義は，２つの部分から成ります。第１部では，インターネットに関する簡単な歴史，つまりインターネットがどのように私たちの生活に入ってきて，1990年代からどのように急速に発達してきたかを学習します。第２部では，インターネットが私たちの社会に及ぼし得るいくつかの影響について学びます。

質問の訳 講義の第２部の内容は何についてですか。

選択肢の訳 **1** インターネット人口がどのように増加したか。 **2** インターネットがどのように発達してきたか。 **3** インターネットの歴史がどのように始まったか。 **4** インターネットが私たちの社会にどのような影響を及ぼしうるか。

ポイント ガイダンスの最後の文で，講義の第２部では some of the impacts the Internet can have on our society「インターネットが私たちの社会に及ぼし得るいくつかの影響」について学ぶと予告している。

No.29 **正解** 3

放送文 Kim often goes to the movies on weekends. She always takes her time choosing a movie to watch. This week, her first choice is a U.S. action movie titled *Safe House*, but she is interested in *Sabrina* too. When Kim told her grandfather about the movie *Sabrina*, he told her that it must be a remake of the 1950's romantic comedy. After all, Kim decided to watch the remake movie this weekend.

Question: What can we learn about the remake movie of *Sabrina*?

全訳 キムは週末よく映画を見に行く。彼女はいつも見る映画を選ぶのに十分な時間をかける。今週は，彼女の第一候補は『セーフ・ハウス』という題のアメリカのアクション映画なのだが，彼女は『サブリナ』という映画にも興味がある。キムが映画『サブリナ』のことを祖父に話すと，それはきっと1950年代のロマンチック・コメディのリメイクだろうと言った。結局，キムはこの週末はそのリメイクされた映画を見ることにした。

映画『サブリナ』のリメイク版について何がわかりますか。

1 それはアクション映画である。 **2** キムの祖父は以前にそれを見たことがある。 **3** キムは今週末にそれを見たいと思っている。 **4** それは1950年代に大ヒットした。

ポイント 最終文に Kim decided to watch the remake movie this weekend と出てくるので，キムは今週末に『サブリナ』のリメイク映画を見ると考えられる。

No.30 **正解** 4

放送文 The London Underground is famous as the world's first underground railway. It has served Londoners for more than 150 years since it began its service in 1863. At its start, steam locomotives pulled coaches through tunnels, so smoke from the locomotives caused a lot of problems. It was in 1890 that the first electric trains ran on the line. Since then, the London Underground has been expanded to meet the needs of a growing London population. Today, it carries nearly 1 billion passengers a year.

Question: What is one thing we learn about the London Underground?

全訳 ロンドン地下鉄は世界初の地下鉄として有名である。それは1863年に運行を開始して以来，150年以上もの間，ロンドン市民の足となってきた。開業当初は蒸気機関車がトンネルの中を客車を引いて走ったので，機関車からの煙が多くの問題を引き起こした。初めて路線を電車が走ったのは1890年だった。それ以来，ロンドン地下鉄は，ロンドンの人口増加に対応するために拡張されてきた。それは，現在では1年に10億人近くの乗客を運んでいる。

質問の訳 ロンドン地下鉄についてわかることの1つは何ですか。

選択肢の訳 **1** それは現在もなお蒸気機関車を使用している。 **2** 開業当初から人々は乗車中にタバコを吸うことができなかった。 **3** それは毎日10億人近くの人々に利用されている。 **4** 19世紀の終わりになって電車が導入された。

ポイント 第4文で，It was in 1890 that the first electric trains ran on the line.「初めて路線を電車が走ったのは1890年だった」と述べている。

予想模試 第2回

一次試験・筆記　解答・解説　　　pp.166～177
一次試験・リスニング　解答・解説　pp.177～191

解　答　欄				
問題番号	1	2	3	4
(1)	①	**②**	③	④
(2)	①	②	③	**④**
(3)	**①**	②	③	④
(4)	①	**②**	③	④
(5)	①	**②**	③	④
(6)	**①**	②	③	④
(7)	①	②	**③**	④
(8)	①	**②**	③	④
(9)	①	②	③	**④**
(10)	①	②	**③**	④
(11)	①	**②**	③	④
(12)	①	②	③	**④**
(13)	①	**②**	③	④
(14)	①	②	**③**	④
(15)	①	**②**	③	④
(16)	①	**②**	③	④
(17)	**①**	②	③	④
(18)	**①**	②	③	④
(19)	①	②	③	**④**
(20)	①	②	**③**	④

問題番号 1

解　答　欄				
問題番号	1	2	3	4
(21)	①	②	③	**④**
(22)	①	②	③	**④**
(23)	①	②	**③**	④
(24)	①	②	③	**④**
(25)	**①**	②	③	④
(26)	①	**②**	③	④

問題番号 2

解　答　欄				
問題番号	1	2	3	4
(27)	①	**②**	③	④
(28)	①	②	③	**④**
(29)	①	②	**③**	④
(30)	①	**②**	③	④
(31)	①	**②**	③	④
(32)	**①**	②	③	④
(33)	①	②	③	**④**
(34)	①	**②**	③	④
(35)	①	②	**③**	④
(36)	①	②	**③**	④
(37)	**①**	②	③	④
(38)	①	②	③	**④**

問題番号 3

4 の解答例は
p.177をご覧
ください。

リスニング解答欄				
問題番号	1	2	3	4
No. 1	①	②	③	**④**
No. 2	**①**	②	③	④
No. 3	**①**	②	③	④
No. 4	①	**②**	③	④
No. 5	①	②	③	**④**
No. 6	①	**②**	③	④
No. 7	①	**②**	③	④
No. 8	①	**②**	③	④
No. 9	①	②	③	**④**
No. 10	①	②	**③**	④
No. 11	①	**②**	③	④
No. 12	**①**	②	③	④
No. 13	①	**②**	③	④
No. 14	①	②	③	**④**
No. 15	①	**②**	③	④
No. 16	**①**	②	③	④
No. 17	**①**	②	③	④
No. 18	①	②	③	**④**
No. 19	①	②	③	**④**
No. 20	①	**②**	③	④
No. 21	①	**②**	③	④
No. 22	①	②	③	**④**
No. 23	①	②	**③**	④
No. 24	①	②	**③**	④
No. 25	①	**②**	③	④
No. 26	**①**	②	③	④
No. 27	①	②	③	**④**
No. 28	①	**②**	③	④
No. 29	①	**②**	③	④
No. 30	①	②	③	**④**

第1部

第2部

［ 解答例とポイント ］

筆記1

(1) ┃**正解**┃ 2

┃**全訳**┃ 市議会は，投票に先立って，その問題について3時間にわたって議論した。

┃**選択肢の訳**┃ **1** accomplish「達成する」 **2** debate「議論する」 **3** trust「信頼する」
4 relieve「安心させる」

┃**ポイント**┃ 主語 The city council「市議会」と目的語 the issue「その問題」との結びつき
から，空所には「議論する」ことを表す動詞が入る。

(2) ┃**正解**┃ 4

┃**全訳**┃ 先週，東京で国際フォーラムが開かれた。1,000人を超える，さまざまな国
籍の人々がそれに参加した。

┃**選択肢の訳**┃ **1** delay「遅らせる」 **2** qualify「資格を与える」 **3** survive「生き延びる」
4 participate「参加する」

┃**ポイント**┃ 空所のあとのitは，1文目のAn international forumを指す。主語「1,000人
を超える，さまざまな国籍の人々」と「国際フォーラム」をつなぐのに適切な動詞を選ぶ。

(3) ┃**正解**┃ 1

┃**全訳**┃ A：アマンダは何をしているの？　パーティーに遅れちゃうよ。　B：彼女
はお化粧をしているところよ。彼女はいつもお化粧を終えるのにやけに時間がかかるのよ。

┃**選択肢の訳**┃ **1** awfully「ひどく，やけに」 **2** indirectly「間接的に」
3 accidentally「偶然に」 **4** effectively「効果的に」

┃**ポイント**┃ 空所には「時間のかかり方」を否定的に述べる副詞が入る。

(4) ┃**正解**┃ 2

┃**全訳**┃ 先週の日曜日，エレンは階段から落ちて背中を痛めた。医者は彼女にしばらくジョ
ギングなどの運動を避けるようにと言った。

┃**選択肢の訳**┃ **1** financial「財政上の」 **2** physical「身体の，物理的な」
3 conscious「意識のある」 **4** brilliant「輝かしい」

┃**ポイント**┃ 第1文の内容とsuch as jogging「ジョギングなどの」が手がかり。

(5) ┃**正解**┃ 2

┃**全訳**┃ A：ハリー，私ね，来週の月曜日に就職の面接試験を受けることになっているの。
緊張しやすいから心配なのよ。　B：アリス，きみはもっと自分の能力に自信を持つべ
きだよ。きみは自分の考えを表現するのも得意なんだからさ。

┃**選択肢の訳**┃ **1** description「記述，描写」 **2** confidence「自信，確信」 **3** fiction「フィ
クション，架空の話」 **4** curiosity「好奇心」

┃**ポイント**┃ B（＝Harry）は就職の面接試験を控えたAを励まそうとしている。

(6) **正解** 1

全訳 その感染症の大流行が長引くにつれて，世界中の病院に大きな財政的負担がのしかかった。

選択肢の訳 1 burden「負担，重荷」 2 institute「研究所」 3 mixture「混合，混合物」 4 legend「伝説」

ポイント 空所前のheavy「重い」，financial「財政的な」と結びつく名詞を選ぶ。

(7) **正解** 3

全訳 A：あなた，私といっしょに買い物に行ってくれるなら，スーパーマーケットで卵を買うのを忘れないように声をかけてくれる？　今夜の夕食に必要なの。　B：うん，わかったよ。

選択肢の訳 1 discourage「思いとどまらせる」 2 enable「可能にする」
3 remind「思い出させる」 4 persuade「説得する」

ポイント A（＝女性）はB（＝男性）に，夕食に使う卵を買うのを（忘れていたら）思い出させてほしいと頼んでいる。

(8) **正解** 2

全訳 その食品会社はここ数年で急成長している。現在，その会社では南米諸国に向けて製品の輸出を始めることを計画している。

選択肢の訳 1 attach「添付する」 2 export「輸出する」 3 distract「気を散らす」
4 postpone「延期する」

ポイント 第1文の内容を手がかりに，急成長している食品会社が自社製品を南米諸国でも売ろうとしていると考える。export「輸出する」⇔import「輸入する」

(9) **正解** 4

全訳 通常の状況のもとでは，コミュニケーションのために必要な場合，子供たちは2つ以上の言語をそれほど苦労せずに学ぶことができることを多くの研究が示している。

選択肢の訳 1 policy「政策，方針」 2 institution「機関，施設」 3 donation「寄付」 4 circumstance「（周囲の）状況」

ポイント 空所には「（子供がその中に置かれている）状況」を表す名詞が入る。

(10) **正解** 3

全訳 A：うわあ，サクラ！　着物姿がとてもすてきだね。日本ではよく着物を着るのかい？　B：いいえ，ビル。着物はお正月や結婚式のような特別な場合にしか着ないの。

選択肢の訳 1 admission「（入場）許可，入場料」 2 expression「表現」
3 occasion「時，場合，（特別な）出来事」 4 invasion「侵入」

ポイント 具体例のNew Year's Day「正月」やweddings「結婚式」などの行事や出来事を1語で表す名詞を選ぶ。

(11) 　**正　解**　**2**

　全訳　A：待たせてごめんね，ジャネット。埋め合わせにお昼をごちそうするよ。B：まあ，ありがとう，ラルフ，でもいいのよ。

　選択肢の訳　**1**　go out for ～「～を食べに［飲みに］行く」　**2**　make up for ～「～を埋め合わせる，～の償いをする」　**3**　speak up for ～「～をはっきり主張する」　**4**　watch out for ～「～に注意する」

　ポイント　A（＝Ralph）はB（＝Janet）との待ち合わせ時間に遅れたことを謝り，その償いとして昼食をおごると言っている。

(12) 　**正　解**　**4**

　全訳　日本の着物文化は何世紀にもわたって受け継がれてきたが，そのスタイルは時代のニーズや好みに合うように変化してきた。

　選択肢の訳　**1**　use up「～を使い果たす」　**2**　turn up「姿を現す」　**3**　spread out「～を広げる」　**4**　hand down「～を受け継ぐ」

　ポイント　主語のJapanese kimono culture「日本の着物文化」と空所後のfor centuries「何世紀にもわたって」が手がかり。

(13) 　**正　解**　**2**

　全訳　ミナは明日の英語の授業でプレゼンテーションをすることになっている。いま彼女はそのことが心配で，ほかのことは何も考えられない。

　選択肢の訳　**1**　be consistent with ～「（意見が）～と一致する」　**2**　be anxious about ～「～が心配である」　**3**　be familiar with ～「～をよく知っている」　**4**　be ignorant of ～「～を知らない」

　ポイント　ミナはプレゼンテーションのことが気になっているという状況から考える。

(14) 　**正　解**　**3**

　全訳　A：ジェシカ，今週末は何か予定があるかい？　B：特にないわよ。家事をして，買い物に行くだけよ。

　選択肢の訳　**1**　for good「永久に」　**2**　on purpose「わざと，故意に」　**3**　in particular「特に」　**4**　at random「無作為に」

　ポイント　Nothing in particular.で「特に何もない」という意味の決まった答え方。

(15) 　**正　解**　**2**

　全訳　フレッドは長い間ずっと画家になることを夢見ていたが，最近になって絵を描くだけで生計を立てるのがどれほど難しいかに気づき，その夢を考え直すようになった。

　選択肢の訳　**1**　idea「考え，アイディア」　**2**　thought「考え」　**3**　task「仕事」　**4**　choice「選択」

　ポイント　have second thoughts about ～「～について考え直す」という意味の熟語。

(16)　正解　2

全訳　Ａ：新しいスタッフのことをどう思う？　Ｂ：キャロルのこと？　そうだね，もう少しほかのメンバーに友好的だといいんだけど，彼女の能力に関しては不満はないよ。

選択肢の訳　**1**　by means of ～「～を用いて」　**2**　with regard to ～「～に関しては」　**3**　on account of ～「～のために」　**4**　in place of ～「～の代わりに」

ポイント　Ｂはスタッフとして新しく加わったキャロルの「能力」（ability）に限定して評価を述べている。

(17)　正解　1

全訳　1週間前に宝石店に押し入った泥棒が今朝警察に逮捕された。

選択肢の訳　**1**　break into ～「～に押し入る」　**2**　break up「壊れる，仲違いする」　**3**　break out「（戦争などが）起こる，勃発する」　**4**　break off「裂ける」

ポイント　関係代名詞whoの先行詞The thief「泥棒」，および空所後のthe jewelry store「宝石店」から判断する。

(18)　正解　1

全訳　Ａ：お父さん，冷蔵庫にミルクが全然残ってないわ。コーヒーに少し入れたいわ。Ｂ：ごめんよ，アニー。今日の午後買い物に行ったときに必ず買ってくるよ。

ポイント　〈There is no ～ left＋場所を表す語（句）〉で「～が…に全く残っていない」という意味。no milk is left in the fridgeとしても，ほぼ同じ意味になる。

(19)　正解　4

全訳　昨日，アランは宝くじで200万ドルが当たったことがわかった。彼はまるで夢の中にいるように感じた。

ポイント　〈feel as if＋仮定法過去〉「～であるかのように感じる」。アランが宝くじに当たったのは夢ではなく現実に起きたことなので，as ifのあとには仮定法過去を用いる。

(20)　正解　3

全訳　エマの姉はモデルの仕事をしているので，体形にはとても気を使っている。彼女は体重が増えないように脂肪分の多い食べ物は口にしない。

ポイント　〈so as to＋動詞の原形〉で「～するために」という〈目的〉を表す。問題文では，否定形の〈so as not to＋動詞の原形〉の形で用いられている。

筆記2[A]

全訳　暗闇の中での盗み食い

　行儀の良い子供でも，親に見られていないとわかっていると，こっそりおやつを食べるものだ。では，ペットの犬はどうだろうか。飼い主は，自分が目を離している間も愛犬が行儀良くしていることを期待するが，ネット上の多くの動画は，それとは正反対のことを示している。例えば，ある女性が投稿した動画には，彼女がほんの数分台所を離れている間に，彼女のゴールデンレトリバーがパンを盗み食いしている様子が映し出さ

れている。犬は，この２つの状況または条件の違いをどの程度理解できるのだろうか。

　最近，ドイツのライプツィヒの研究グループは，いくつかの異なる照明の条件のもとで，犬に一連の実験を行った。１歳以上のメス犬42匹，オス犬42匹の計84匹の飼い犬が，実験のために選ばれた。各実験の前に，犬は人間の試験官から食べ物を取ってはいけないと注意を受けていた。それにもかかわらず，犬は明るい部屋よりも暗い部屋で，その命令に背く可能性が４倍高いという結果が明らかとなった。また，部屋が暗いときは，犬は部屋が明るいときよりも多くの食べ物を，より素早く取る傾向があった。

　この実験結果は，部屋が暗いときのほうが食べ物を盗むのには安全だと犬が判断していることを示している。犬が暗いところでどの程度ものが見えるのかを示す確かな証拠はない。しかし，今回の研究結果は，犬には少なくとも明るい状態と暗い状態の違いが理解できることを示している。カミンスキー博士は，「これは信じられないことです。犬は，人間には自分が見えていないことを理解していることを意味するからです。つまり，犬は人間の視点を理解している可能性があるということです」と話している。

(21) ┃正　解┃　**4**

┃選択肢の訳┃　**1**　この有力な説を支持する　**2**　十分な証拠を提供する　**3**　同じ結果となる　**4**　正反対のことを示す

┃ポイント┃　第１段落第３文では，「自分が目を離している間も飼い犬がお行儀よくしている」という犬の飼い主側の期待を述べている。それに対して第４文では，飼い犬が飼い主の期待に反した行動をとる証拠となる動画の例を挙げている。

(22) ┃正　解┃　**4**

┃選択肢の訳┃　**1**　とにかく　**2**　結果として　**3**　したがって　**4**　それにもかかわらず

┃ポイント┃　第２段落第３文と空所を含む第４文が対照的な内容になっていることに着目する。

(23) ┃正　解┃　**3**

┃選択肢の訳┃　**1**　待つ必要がある　**2**　行動を起こすには危険である　**3**　食べ物を盗むのにより安全である　**4**　チャンスを得にくい

┃ポイント┃　第２段落最終文で，実験に参加した飼い犬たちは，部屋が明るいときよりも暗いときに，より多く，そしてより素早く食べ物をくすねる行動が多く見られたことが述べられている。このことから考えられる犬の判断を考える。

┃筆記2[B]┃

┃全訳┃　**睡眠はすべてに影響する**

　最近では多くの人々が睡眠不足に悩まされている。この健康上の問題を引き起こしている最大の原因は，夜遅い時間に電子機器を使うことである。多くの人々は，就寝前にコンピューターを使ったり，テレビを見たり，ビデオゲームをしたりするが，これらの機器類にはすべて画面がついており，大量の明るい光を放出する。この明るい光はあなたの体が「睡眠モード」に入るのを妨げるため，あなたの健康に悪影響を与えるのである。

　夜遅くなると，私たちの脳はメラトニンと呼ばれる化学物質を分泌する。メラトニン

は「暗闇のホルモン」として知られ，私たちを眠りへと誘うが，それは私たちが照明を落とした薄暗い場所にいるときだけである。例えば，人が寝床につく準備をする前に薄暗い部屋の中にいれば，メラトニンの働きによってあなたは楽に眠りに落ちることだろう。ところが，部屋に照明がこうこうとついた状態では，あなたの脳は適切な信号を受け取ることができないため，このメカニズムが正常に働かない。その結果，ベッドに入ったあとも，あなたはなかなか寝つけなくなるのである。

睡眠の専門家の指摘によれば，睡眠の量は人々が働いたり学んだりするときの質に影響を及ぼすという。一般に，毎晩ぐっすり眠ることができている人は，仕事において良好な成果を上げるし，勉強においては優秀な成績を上げる傾向がある。その一方で，睡眠を十分とれていない人は，しばしば重要なことに集中するのに苦労する。睡眠の専門家は，睡眠の習慣を変えるのに決して遅すぎるということはないと話す。終わらせるべき仕事，買うべき食料品，覚えておくべきことがあるときに私たちがそうするのと同じように，優先的にやることのリストに睡眠を加えることを勧めている。私たちが1週間早めに就寝することを続ければ，その違いに驚くはずだと彼らは話している。

(24) **正解** 4

選択肢の訳 **1** 心を落ち着かせる効果がある　**2** 体にとって好ましい方向に作用する
3 命を守ることになる　**4** 健康に悪影響を及ぼす

ポイント 空所後の because 以下に，「それ（＝明るい光）はあなたの体が『睡眠モード』に入るのを妨げる」とあることから考える。

(25) **正解** 1

選択肢の訳 **1** その結果　**2** 今までのところ　**3** さらに　**4** もう一方では

ポイント 第2段落第4文と空所を含む第5文は，原因→結果という流れになっている。

(26) **正解** 2

選択肢の訳 **1** 健康診断を受ける　**2** 睡眠の習慣を変える　**3** 労働環境を改善する
4 運動を始める

ポイント 第3段落第5〜6文で睡眠の専門家がアドバイスしている内容はすべて，これまでの睡眠のとり方を見直して，十分な睡眠をとれるように生活を改善するためのものである。第4文の空所には，このアドバイスの目的と一致する語句が入る。

筆記3[A]

全訳

差出人：パトリック・テイラー <p-taylor@hyperionelectronics.com>
宛先：ジュディ・ブルックス <j-brooks@JMC-advertising.com>
日付：2022年8月8日
件名：Magni EX975の広告
拝啓　ブルックス様
ハイペリオン電子のマーケティング部長エレン・ワーグナーから，あなたのメールアド

レスを紹介されました。彼女は，弊社の洗濯機のために貴広告代理店が制作された新聞広告を私に見せてくれました。私はそのデザインや効果的なレイアウトに非常に感服いたしました。今回あなたにメールをお送りしたのは，そのような理由からです。弊社の別の製品，Magni EX975キャニスター型掃除機の広告制作に是非貴店のお力をお借りしたいのです。

この掃除機は昨年の10月から販売されております。これは弊社のMagni掃除機シリーズの主力製品でして，私自身，この掃除機にはライバル製品と競うのに十分な力があると確信しております。実際，顧客調査によりますと，Magni EX975を購入している方の大部分がその性能に満足しています。それにもかかわらず，このモデルの売り上げは私たちが期待していたほど伸びておりません。弊社の最近の広告に何か問題があるのかもしれません。弊社の広告ではEX975の環境に優しい面ばかりを強調していました。私たちは，この掃除機が強力な吸引力を持ちながら，ほかの多くの掃除機よりも騒音が小さい点をもっと強調すべきでした。

貴店にはこうした長所を明確にするような新聞広告を作っていただきたいと考えております。本メールにEX975の製品カタログを添付いたしました。これをご覧いただいたうえで，来週デザインの見本をいくつかもって，弊社までおいでいただけないでしょうか。そのあとで，広告にどのような要素を入れるべきかを話し合うことができればと思います。ご都合のよろしい日をお知らせください。

敬具

パトリック・テイラー

---

(27) **正解** 2

質問の訳 なぜパトリック・テイラーはブルックス氏と連絡をとっているのですか。

選択肢の訳 **1** ブルックス氏の会社は以前ハイペリオン電子のために新型洗濯機を開発したことがある。 **2** パトリックはブルックス氏に新型掃除機の広告制作を手伝ってほしい。 **3** ブルックス氏はパトリックが勤務する会社の仕事に応募した。
4 パトリックが以前ブルックス氏の代理店に勤めていた。

ポイント 第1段落最終文で，パトリック・テイラーはマーケティング部長エレン・ワーグナーから紹介されたジュディ・ブルックスの広告代理店に，自社の別の商品の広告制作を依頼したいと伝えている。

---

(28) **正解** 4

質問の訳 パトリック・テイラーは，the Magni EX975の売れ行きがかんばしくない理由をどのように考えていますか。

選択肢の訳 **1** その性能がライバル製品ほどよくない。 **2** 現在の価格設定が掃除機にしては高い。 **3** 製品が環境に優しい設計になっていない。 **4** その強力な吸引力のことを人々が理解していない。

ポイント 第2段落第5文以降で，パトリック・テイラーはthe Magni EX975の売れ行きが良くないことについて，広告でその吸引力の強さと騒音の小ささをもっと強調すべきだったと述べているので，その利点が人々に理解されていないと考えていることがわかる。

質問の訳 パトリック・テイラーがブルックス氏にしてほしいことの1つは何ですか。

選択肢の訳 **1** 彼に広告のデザインサンプルをいくつかメールで送る。 **2** どの新聞に広告を出すべきか彼にアドバイスを与える。 **3** 彼がメールに添付した製品カタログに目を通す。 **4** 来週彼の会社で行われるスタッフミーティングに出席する。

ポイント 第3段落第3文でパトリック・テイラーは，①「カタログに目を通す」，②「デザインの見本をもってハイペリオン電子に来社する」の2つを依頼している。

筆記3[B]

全訳 溶けゆく国境線

　気候変動による地球の温暖化が進むにつれて，世界各地の氷河が溶けてなくなりつつある。氷河の融解は，近隣地域に地滑りや洪水などの自然災害を引き起こす可能性がある。また，氷河の水を農作物の栽培に利用している地域においては，農業に深刻な影響を及ぼしている。一方，氷河の融解は，氷河を国境とする2国間に政治的な紛争を引き起こすこともある。よく知られている例は，アルプスのテオドール氷河を境とするイタリア－スイス国境である。

　1941年にイタリア－スイス国境がテオドール氷河に沿って設定されたとき，最も重要な基準だったのは，雪解け水が山の両側に分かれて双方の国に向かって流れ落ちる境目，つまり分水嶺であった。それ以来，地球温暖化の影響によりアルプスの氷河は縮小し続けている。テオドール氷河は，1973年から2010年の間に，その大量の雪と氷のほぼ4分の1を失った。過去10年間でアルプス氷河の融解の速度はさらに増している。国境線はイタリア側に移動し，スイスの領土は少しずつ拡大している。このため，イタリアとスイスは，アルプス地方の国境線について再交渉する必要に迫られている。

　通常，このような調整は，特に政治問題化することなく，当該国2国が実施した調査を比較することで決着する。しかし，イタリア－スイス国境の場合は，山小屋兼避難所として人気の高いリフュージオ・グイデ・デル・チェルヴィーノの存在が事態を複雑にしている。1984年に山小屋が建設された当時は，完全にイタリアの土地にあったが，現在はロッジの3分の2は厳密にはスイス領内にある。ロッジは世界最大のスキーリゾートの最高地点にあり，このことが一区画の土地に「経済的価値」を与えているのだ。

　幸いなことに，イタリアとスイス間の交渉は平和的に進んでいると伝えられる。2021年11月には，山小屋の帰属先は今まで通りイタリアとする代わりに，スイス側の将来の計画を考慮してイタリアが一区画の領土を提供するという妥協案が提案された。イタリア－スイス国境の問題は，何百年にもわたり自然国境を共有してきたほかの国々からも注目されている。今後，地球温暖化が進むにつれて，国境線の引き直しを余儀なくされる国が増えるかもしれない。

(30) **正解** 2

質問の訳 地球温暖化は，

選択肢の訳 **1** 環境に影響を与えるだけでなく，人々が昔から続けてきた生活様式を変化させてもいる。 **2** 国境線を共有する2つの国の間で領土をめぐる政治的紛争を

引き起こしている。　**3**　豪雨，熱波，干ばつなどの異常気象の頻度と激しさを増している。　**4**　近年農場で収穫量が減っているため，政府に農業政策の見直しを迫っている。

ポイント　氷河の融解が及ぼす影響として，第1段落第2～3文で自然災害と農業面の2つを，第4文では氷河を国境とする2国間に政治的な紛争が起こる可能性を挙げている。

(31)　**正解**　**2**

質問の訳　イタリアとスイスがアルプス山脈中の国境線を引き直さなければならない理由の1つは何ですか。

選択肢の訳　**1**　両国の関係の悪化が国境線をめぐる交渉に影響を及ぼしている。
2　国境線が依存している自然の基準線が地球温暖化のために移動している。　**3**　アルプス山脈中の国境線は1940年代初頭に設定されたため，その効力を失いつつある。
4　両国はテオドール氷河がこれ以上溶けないようにするための措置をとることを決めた。

ポイント　第2段落第1文によれば，イタリアースイス国境を設定した際に最も重要な基準となったのはテオドール氷河の分水嶺だった。第2～5文では，地球温暖化によって氷河が縮小を続けており，この分水嶺がイタリア側に移動しつつあると説明している。

(32)　**正解**　**1**

質問の訳　リフュージオ・グイデ・デル・チェルヴィーノが政治的な争いの中心になっている理由は，

選択肢の訳　**1**　それがイタリアとスイス間の移動しつつある国境線の上に位置しているからである。　**2**　急速に成長している観光産業のために，その経済的重要性がこれまで以上に高まっているからである。　**3**　ロッジの近くに大規模な観光インフラを建設する計画が進行しているからである。　**4**　テオドール氷河の融解によっていくつかの自然災害が引き起こされているからである。

ポイント　第3段落第2～3文によれば，「リフュージオ・グイデ・デル・チェルヴィーノ」は，1984年にテオドール氷河に建設された山小屋兼避難所で，当時はイタリア領だったが，その後，氷河の融解によって分水嶺が移動して，現在の山小屋は，その3分の2が厳密にはスイス領にあることがわかる。

(33)　**正解**　**4**

質問の訳　イタリアースイス国境問題が示唆していることの1つは何ですか。

選択肢の訳　**1**　国境線の引き直しに関する交渉はたいてい多くの時間を要し，失敗に終わることが多い。　**2**　地球温暖化は，何らかの抜本的な対策を講じない限り，世界各地の観光業に影響を与える可能性がある。　**3**　何世紀も前に設定された国境線が2国間の武力紛争の原因となることがある。　**4**　自然国境を共有するほかの国でも，今後同様の問題が発生する可能性がある。

ポイント　第4段落第3文以降によれば，氷河融解によるイタリアースイス国境線の引き直しの問題は，自然国境を共有しているほかの国々からも注目されており，今後は同じように「国境線の引き直しを余儀なくされる国が増えるかもしれない」と指摘している。

全訳 ミイラのベールを取る

　この数十年の間に，医療用画像処理技術はさまざまな形で考古学の研究に応用されてきた。例えば，CTスキャナーを使えば，考古学者は古代の墓で見つかったミイラやそのほかの遺物に関する多くの科学的データを集めることができる。時には高度の画像処理装置が古代の遺物に関する恐ろしい事実を明らかにすることもある。

　古代エジプトにおいて，ファラオは強大な権力を持つ支配者であり，国家の最高権力者そして宗教的指導者として君臨していた。20世紀初頭までに，数多くのファラオのミイラがルクソール付近のナイル川西岸の「王家の谷」の墓から発掘されていた。その1つが紀元前12世紀に外敵の侵入からエジプトを救った最後の偉大なファラオ，ラムセス3世のミイラであった。古代文書によれば，王の側室ティイがラムセス3世を暗殺して，王との間に生まれた息子を王位につけようとする陰謀を企てたという。暗殺が未遂に終わりファラオは生き延びたのかどうか，古文書だけでははっきりとわからないが，多くの考古学者は長い間，ラムセス3世は暗殺されたと考えていた。

　2010年代の初めごろ，国際調査チームがこの従来の説を裏付ける新たな事実を発見した。調査チームがラムセス3世のミイラのCT画像解析を行った際，ミイラの喉に切創を発見したのである。切創は非常に深く大きなもので，ラムセス王は即死状態だったと考えられる。調査チームによれば，古代エジプトにおけるミイラ作りの習慣を考えると，ラムセス王の喉が死後に切られたとは考えられないという。調査チームはまた，ファラオの切創の内側に「ホルスの目」と呼ばれる魔除けを発見した。古代エジプトでは，この魔除けはそれを身に付ける人を事故から守り，その力を回復させると信じられていた。調査チームは，この魔除けはファラオが来世において完全に回復できるように傷口の中に置かれたと考えている。

　このような重要な発見は，CTスキャン技術の支援なしには不可能だったことだろう。以前，ミイラを調査するためには，研究者はミイラを覆っている数層の麻布を取り除かなければならなかった。今日では医療用画像処理装置を使って，研究者は麻布を取らなくても，ミイラ内部の状態をある程度まで調べることができる。ミイラは長時間光にさらされると確実に傷むため，これはミイラにとっても良いことだと研究者は考えている。

---

(34) **正解** 2

質問の訳 考古学者が医療用画像処理装置を活用してできることは何ですか。

選択肢の訳 **1** 古代遺跡が埋まっている場所を特定することができる。 **2** 古代の遺物に関する科学的なデータを収集することができる。 **3** 医師に医療機器の使用に関する技術的な助言を求めることができる。 **4** 古代の遺物を掘り起こさずに調査することができる。

ポイント 第1段落第2文で，医療用画像処理技術を考古学に応用した例として，古代のミイラなどをCTスキャナーにかけて，科学的データを収集することを挙げている。

---

(35) **正解** 3

質問の訳 ラムセス3世について，古代の記録からわかることは何ですか。

選択肢の訳　**1**　彼はティイとの間にできた息子に王位を継がせたかった。　**2**　彼はクーデターを未然に防ぐために妻の殺害を企てた。　**3**　彼は妻の1人による暗殺計画のターゲットとなった。　**4**　彼の遺体は最近墓から掘り出された。

ポイント　第2段落第4文で，古代の文書に書かれていることとして，王の側室ティイが王との間に生まれた息子を王位につけるために，ラムセス3世を暗殺する陰謀を企てたことが述べられている。

(36) **正解**　**3**

質問の訳　国際調査チームが考えていることとは，

選択肢の訳　**1**　ラムセス3世は死後に喉を切られた。　**2**　ラムセス3世がミイラにされる際に事故があった。　**3**　ラムセス3世の喉の傷は致命的なものだった。　**4**　暗殺されたときラムセス3世は魔除けを身に付けていた。

ポイント　第3段落第2〜3文によれば，ラムセス3世のミイラをCT画像解析にかけた結果，その喉に切創が見つかった。その切創は「非常に深く大きなもので，ラムセス王は即死状態だったと考えられる」というものである。

(37) **正解**　**1**

質問の訳　古代のミイラを研究するうえで画像処理装置を使うことの利点は何ですか。

選択肢の訳　**1**　調査がミイラに与えうる損傷を減らすことができる。　**2**　研究者は灼熱の太陽の下でフィールドワークを行うことで時間を短縮できる。　**3**　未知のウイルスから研究者自身を守ることができる。　**4**　調査中はミイラを同じ姿勢に保つことができる。

ポイント　第4段落第3文で，CTスキャナーのような画像処理装置を使って古代のミイラを調べるメリットとして，麻布を取らなくてもミイラ内部の状態をある程度まで調べることができることを挙げ，第4文では，長時間光にさらされることはミイラに損傷を与えることになるので，このメリットはミイラにとっても好ましいと述べている。

(38) **正解**　**4**

質問の訳　次の記述のうち正しいものはどれですか。

選択肢の訳　**1**　最新の研究結果は，ラムセス3世の死をめぐる従来の説と矛盾している。　**2**　古代の文書はラムセス3世が成し遂げたことについて何も言及していない。　**3**　ラムセス3世は暗殺計画が失敗したあとで，彼の妻の1人に殺された。　**4**　魔除けはファラオの来世のために傷口に埋め込まれたと考えられている。

ポイント　第3段落第5〜7文から，ラムセス3世のミイラの喉の切創には，「ホルスの目」と呼ばれる魔除けが埋め込まれており，研究者はこれをファラオが来世において完全に回復できるようにするためだったと考えていることがわかる。

筆記4

TOPICの訳　最近，スマートフォンでの決済を好む人が増えています。これは良い考えだと思いますか。

POINTS の訳　●利便性　●安全性　●リスク

解答例1　（賛成意見）I think it is a good idea to pay by smartphone. There are two reasons why I feel this way. First, these days, many shops and public transportation all over Japan accept payment by smartphone. Therefore, it is very convenient to make quick payments on a smartphone. Second, smartphone payment saves us the trouble of carrying large amounts of cash while shopping or traveling. It helps us reduce the risk of becoming a target of robbery. For these two reasons, I think choosing to pay by smartphone is a good idea.

解答例の訳　私はスマートフォンで支払うことは良い考えだと思います。私がそう思う理由は2つあります。第一に，最近は日本国内の多くの店や公共交通機関がスマートフォンでの支払いに対応しています。そのため，スマートフォンで素早く決済ができるのはとても便利です。第二に，スマートフォンでの決済によって，私たちは買い物や旅行中に多額の現金を持ち歩かずに済むようになります。それによって，強盗の標的になる危険を減らすこともできます。この2つの理由から，スマートフォンでの決済を選択することは良い考えだと思います。

解答例2　（反対意見）I do not think it is a good idea to pay by smartphone. I have two reasons to support this opinion. First, smartphones can be an easy target for malicious hackers. Paying with a smartphone increases the likelihood of becoming a target of cybercrime. Second, smartphone payment is so convenient that there is always a risk of spending too much money. As a result, you cannot afford to pay back the money, and you can get into financial trouble. For these two reasons, I don't think choosing to pay by smartphone is a good idea.

解答例の訳　私はスマートフォンで支払うことは良い考えではないと思います。この意見を支持する理由は2つあります。第一に，スマートフォンは悪意のあるハッカーの標的になりやすいです。スマートフォンでの支払いは，サイバー犯罪の犠牲になる可能性を高めることになります。第二に，スマートフォンでの決済は非常に便利なため，ついお金を使いすぎてしまうリスクが常にあります。その結果，お金を返すことができなくなり，金銭トラブルに巻き込まれる可能性があります。この2つの理由から，スマートフォンでの決済を選択することは良い考えではないと思います。

ポイント　first「第一に」，second「第二に」，therefore「そのため，したがって」，as a result「その結果」などの談話標識を活用して，文と文の論理的な関係を明確にする。

リスニング・第1部　

No.1 **正解** 4

放送文　*A:* I'm going to the town's summer festival this weekend. Would you like to come with me, Theresa? *B:* Oh, Kenji, I'm just studying about Japanese festivals. I'd love to. *A:* Good! In Japan, it is traditional to wear yukata for summer festivals. I know a store that rents yukata, so let's go there and try some on. *B:* That sounds exciting. I hope I can find one that fits me just right.
Question: What will the man and the woman probably do for the festival?

全訳 A：この週末，町の夏祭りに行くんだ。きみもいっしょに来ないかい，テレサ？ B：まあ，ケンジ，私ね，今ちょうど日本のお祭りについて調べているところなの。ぜひ行きたいわ。 A：よし！ 日本では夏祭りに浴衣を着るのが伝統的なんだ。浴衣をレンタルしてくれる店を知ってるから，そこに行って試着しようよ。 B：おもしろそうね。私にぴったり合う浴衣が見つかるといいわ。

質問の訳 男性と女性は祭りのために何をすると考えられますか。

選択肢の訳 **1** お祭りのために服を買う。 **2** 日本のお祭りについて調べる。

3 夏祭りに行く。 **4** 浴衣を試着する。

ポイント A（＝Kenji）はB（＝Theresa）を町の夏祭りに誘い，2回目の発言で，夏祭りに着る「浴衣の試着に行こう」（let's go there and try some on）と誘っている。

No.2 **正解** **1**

放送文 *A:* Welcome to The Cherry Pottery Studio. How may I help you, sir? *B:* I'd like to buy a tea cup set as a gift for my daughter. She just started living by herself last month. Can you recommend one? *A:* What about this one? It just arrived from Italy this morning. I think the price is fairly reasonable. *B:* Oh, that's lovely. I'll take it then.

Question: Why is the man buying a tea cup set?

全訳 A：チェリー・ポタリー・スタジオへようこそ。何をお探しでしょうか，お客様。 B：娘へのプレゼントにティーカップ・セットを買いたいのです。彼女は先月ひとり暮らしを始めたばかりなんです。何かお薦めの品物はありますか。 A：こちらはいかがでしょうか。今朝イタリアから届いたばかりです。お値段もかなりお求めやすくなっております。 B：おお，これはとてもすてきですね。それではこちらをいただきます。

質問の訳 なぜ男性はティーカップ・セットを買っているのですか。

選択肢の訳 **1** 彼は娘にそれをあげたいと思っている。 **2** 彼がそれを新居で使う。

3 彼の友人がそれを薦めた。 **4** 彼のティーカップ・セットが古い。

ポイント B（＝男性）は1回目の発言で，A（＝女性店員）に I'd like to buy a tea cup set as a gift for my daughter. と話していることから，娘のためのギフトだとわかる。

No.3 **正解** **1**

放送文 *A:* Mr. Fisher, I've just gotten another call from Mr. Lawrence about our order processing. *B:* He called us yesterday, complaining that his order was delivered broken, right? I thought we settled the problem by shipping a replacement item to him. *A:* That's right. However, he insists that we have another company deliver the item. *B:* That's impossible! Tell him we'll make sure his item is handled with the greatest care.

Question: What does Mr. Lawrence demand that they do?

全訳 A：フィッシャーさん，注文処理の件でまたローレンスさんから電話がありました。 B：彼は注文品が壊れて届いたと昨日クレームを申し立ててきたんだったよね？ こっちから代替品を送ることで解決したと思っていたんだが。 A：そのとおり

です。でも彼は，別の配送会社を使ってくれと言ってきかないのです。　B：それは無理だよ！　商品の取り扱いに十分注意するよう徹底すると言ってくれ。

質問の訳　ローレンス氏は，彼らがどうすることを要求しているのですか。

選択肢の訳　**1**　別の配送会社を使う。　**2**　誠意を持って彼に謝罪する。　**3**　注文品の取り扱いに十分注意する。　**4**　彼に代替品を速やかに送る。

ポイント　A（＝女性）の2回目の発言から，Mr. Lawrence の要求の内容は「別の配送会社を使って商品を送ること」だとわかる。

No.4 　正解　2

放送文　*A:* Hello?　*B:* Hi, honey.　It's me.　Something urgent has come up, so I'll be home late tonight.　*A:* Oh, I see.　I was going to make your favorite beef stew, but now I won't.　*B:* Sorry, Kenny.　I'll be off tomorrow, so we can relax and enjoy dinner together.　*A:* All right.　I'm just going to order a pizza for myself and read a book while I wait for you.

Question: What does the woman say to the man?

全訳　A：もしもし。　B：もしもし，あなた？　私よ。急ぎの仕事が入ったので，今夜は帰りが遅くなるの。　A：ああ，わかったよ。きみの好きなビーフシチューを作るつもりだったけど，やめておくよ。　B：ケニー，ごめんね。明日は休みだから，2人でゆっくりして，いっしょに夕食を楽しめるわ。　A：いいよ。ぼくは1人でピザを注文して，本でも読みながら，きみの帰りを待ってるよ。

質問の訳　女性は男性に何と言っていますか。

選択肢の訳　**1**　彼女はピザを注文するつもりである。　**2**　彼女は遅くまで仕事をしなければならない。　**3**　彼女は自宅で夕食を食べるつもりである。　**4**　彼女は彼に彼女の好きな料理を作ってほしい。

ポイント　B（＝女性）は最初の発言で，A（＝男性）に「今晩は帰りが遅くなる」と伝えている。

No.5 　正解　4

放送文　*A:* Bianca, did you buy a new digital video camera?　It's cool!　*B:* I bought it at a 40% discount at an online shop.　Its image quality is excellent.　*A:* Actually, I'm thinking about a new video camera too.　My old one broke when I dropped it in the road at a sports event.　*B:* Oh no!　This model is easy to use, so I can recommend it.

Question: Why is the man thinking of buying a new video camera?

全訳　A：ビアンカ，新しいデジタルビデオカメラを買ったのかい？　すてきだね！　B：オンラインショップで40パーセント引きで買ったのよ。画質はとてもいいわ。　A：実はぼくも新しいビデオカメラを買おうかなと思っているんだ。スポーツイベントで，古いビデオカメラを道路の上に落としてこわしちゃってね。　B：あらまあ。この機種は使いやすいから，お薦めよ。

質問の訳　なぜ男性は新しいビデオカメラを買うことを考えているのですか。

1 彼はもっとデザインの良い新しいものがほしい。　**2** 彼は新しいモデルのほうが使いやすいとわかった。　**3** 彼はスポーツイベント用に新しいモデルを必要としている。　**4** 彼は事故で古いのをこわしてしまった。

ポイント A（＝男性）は2回目の発言で，ビデオカメラを買い換える理由をMy old one broke when I dropped it in the road ...と説明している。

No.6 **正解** 4

放送文 *A:* Excuse me. I'd like to buy two cases of mineral water. Can you deliver them? *B:* We offer free delivery if you live within 3 kilometers of this store. Otherwise, we charge $3.00. *A:* My house is on Bradley Street, two blocks away from here. *B:* There's no problem then. If you pay at the cashier, we'll have the mineral water delivered to your address for free within a few hours.

Question: What will the woman probably do next?

全訳　A：すみません。ミネラルウォーターを2箱買いたいのですが。配達をお願いできますか。　B：お客様のお住まいが当店から3キロ以内でしたら，無料で配達をいたします。それ以外の場合は，配達料として3ドルをいただいております。　A：私の家はブラッドリー通りにあります。ここから2ブロック先です。　B：それでしたら問題ございません。代金をレジでお支払いいただければ，数時間以内にお宅までミネラルウォーターを無料で配達させていただきます。

質問の訳　女性はこのあと何をすると考えられますか。

選択肢の訳　**1** 自宅までケースを運ぶ。　**2** 配達料を支払う。　**3** 別の店に行く。　**4** ミネラルウォーターを買う。

ポイント　A（＝女性）がミネラルウォーターを無料で配達してもらえると確認できたことから考える。

No.7 **正解** 2

放送文 *A:* Hello, this is the Jamestown Police Department. How may I help you? *B:* Hello. I'd like to inform you that a bicycle has been left unattended near my house for several days. Could you please move it? *A:* Okay. Please give me your address and contact information. We will come and remove it immediately. *B:* Thank you very much.

Question: Why is the woman calling the police station?

全訳　A：もしもし，ジェームズタウン警察署です。どうしましたか。　B：こんにちは。家の近くに数日間自転車が放置されているのでお知らせします。移動してもらえませんか。　A：わかりました。住所と連絡先を教えてください。すぐに撤去しに行きますよ。B：ありがとうございます。

質問の訳　女性はなぜ警察署に電話をしているのですか。

選択肢の訳　**1** 自転車を修理したい。　**2** 自転車を撤去してもらいたい。　**3** しばらく家にいなくてはならない。　**4** 連絡のし方を教えなくてはならない。

ポイント　B（＝女性）は最初の発言の第2文で自宅の近くに放置自転車があることを知

らせ，第3文でそれを移動してくれるよう頼んでいる。

No.8　正解　2

放送文　*A:* Have you done our company's yearly medical checkup, Jill?　*B:* I went last week.　I was shocked to find out that my cholesterol level is so high.　How about you, Kevin?　*A:* I haven't gone yet.　I know I should not skip it, but I've been too busy these last several days.　*B:* Didn't you say your stomach was in bad shape last week?　You should manage your time to get a checkup.

Question: Why is the woman concerned about the man?

全訳　A：ジル，年1回の社内の健康診断は終わったかい？　B：先週行って来たの。コレステロール値がとても高いとわかってショックだわ。ケヴィン，あなたはどうなの？　A：まだ行っていないんだ。パスするのはまずいとわかっているんだけど，ここ数日すごく忙しくてね。　B：あなた，先週，確か胃の調子が悪いって言ってなかった？　何とか時間をやりくりして健康診断を受けたほうがいいわよ。

質問の訳　なぜ女性は男性のことを心配しているのですか。

選択肢の訳　**1**　彼はここ数日，忙しすぎる。　**2**　彼は胃に異常があるかもしれない。
3　彼はコレステロールの値が高い。　**4**　彼は健康診断を受けないつもりである。

ポイント　B（＝ Jill）は2回目の発言で，A（＝ Kevin）に Didn't you say your stomach was in bad shape last week?と尋ね，Aの胃の調子を心配している。

No.9　正解　4

放送文　*A:* Alyssa, do you know anyone who wants to buy a used notebook computer?　I bought it only a year ago, but I don't need it anymore now that I have gotten a tablet computer.　*B:* Why don't you try an online auction?　Someone might buy it at a decent price.　*A:* I've never sold an item at an online auction.　*B:* I can help you with it.　Actually, I've done it a few times myself.

Question: What will the man probably do with his notebook computer?

全訳　A：アリッサ，だれか中古のノートパソコンを買いたい人を知らない？　1年前に買ったんだけどさ，タブレットコンピューターを買ったら，もう必要なくなったんだよ。　B：ネットオークションを試してみたら？　だれかが結構な値段で買ってくれるかもしれないわよ。　A：ぼくはネットオークションで品物を売ったことがないんだけど。　B：私が手伝ってあげるわ。実を言うと，私は自分で何度か試したことがあるの。

質問の訳　男性は自分のノートパソコンをどうすると考えられますか。

選択肢の訳　**1**　今後使うときのために取っておく。　**2**　友人にあげる。　**3**　最新の機種に買い換える。　**4**　インターネットで買い手を探す。

ポイント　B（＝ Alyssa）は，A（＝男性）から中古のノートパソコンを買いたい人がいないか質問を受け，Why don't you try an online auction?と提案している。

No.10 　正解　 3

放送文　*A:* Rainbow Net Service. How may I help you? *B:* Hi. My name is William Holter, and I live in the Riverside district. I've been having a problem with my internet connection since this evening. The connection is frequently cut off while I'm browsing web pages. *A:* I'm sorry, sir. We're doing some urgent maintenance work on the server now. It should be completed in another hour. *B:* All right. I'll be waiting.

Question: Why is the man calling Rainbow Net Service?

全訳　Ａ：レインボー・ネットサービスでございます。ご用件は何でしょうか。　Ｂ：もしもし。私はウィリアム・ホルターと申します。リバーサイド地区に住んでいます。今日の夕方からインターネットの接続に問題が生じています。ウェブページを閲覧している最中に，接続が頻繁に切れるのです。　Ａ：申し訳ありません，お客様。現在，サーバの緊急メンテナンス中です。あと１時間で完了するはずです。　Ｂ：わかりました。待ちますね。

質問の訳　なぜ男性はレインボー・ネットサービスに電話しているのですか。

選択肢の訳　**1**　インターネット・プロバイダを変更する。　**2**　現在のサービスをキャンセルする。　**3**　インターネット・プロバイダに問題を報告する。　**4**　コンピューターウイルスのことをヘルプデスクに尋ねる。

ポイント　Ｂ（＝男性）の１回目の発言から，Ｂはインターネット接続の障害を報告するためにプロバイダに電話しているとわかる。

No.11 　正解　 2

放送文　*A:* Hi. I'm Kate Turner, living upstairs in an apartment. What's this terrible noise? *B:* Oh, I'm really sorry, Ms. Turner. I found a water leak in the bathroom, so I'm having it repaired now. *A:* Well, I have to get my work finished by this evening, but I can't concentrate because of the noise. *B:* The repair work should be finished in an hour. Please be patient for a while.

Question: What is the woman's problem?

全訳　Ａ：こんにちは。アパートの上階に住んでいるケイト・ターナーですけど。このひどい騒音は何でしょうか。　Ｂ：ターナーさん，たいへん申し訳ありません。バスルームに水漏れが見つかりましてね。それで，今それを修理してもらっているのです。Ａ：あの，今日の夕方までに終えないといけない仕事があるのですが，この騒音のために仕事に集中できないのです。　Ｂ：修理工事は１時間で終わるはずです。どうかしばらくご辛抱ください。

質問の訳　女性の問題は何ですか。

選択肢の訳　**1**　修理担当者がまだ来ていない。　**2**　騒音が彼女の仕事の邪魔になっている。　**3**　彼女は浴室の水漏れに気がついた。　**4**　彼女は騒音のために眠れない。

ポイント　Ｂ（＝男性）に騒音のことで苦情を言いに来たＡ（＝Kate）は，２回目の発言で，騒音のせいで仕事に集中できないと言っている。

No.12 正解 1

放送文 *A:* Honey, the TV's remote control doesn't work. *B:* Really? I just changed the batteries. I guess it isn't sending signals as it should. *A:* Why don't we call the service center and get it fixed? *B:* No. Buying a new remote control will be easier and cost less. I'll go to the electronics store near the station later.

Question: What does the man say he'll do?

全訳 A：あなた，テレビのリモコンが動かないんだけど。 B：本当かい？ たった今バッテリーを変えたばかりなんだけど。信号が正しく送られていないみたいだね。 A：サービスセンターに電話して修理してもらったら？ B：いや，新しいリモコンを買ったほうが簡単だし，お金もかからないだろう。あとで駅の近くの電器屋に行くよ。

質問の訳 男性は何をすると言っていますか。

選択肢の訳 **1** リモコンを買い換える。 **2** 新しいテレビを買う。 **3** バッテリーを交換する。 **4** サービスセンターに電話する。

ポイント B（＝男性）の2回目の発言 Buying a new remote control will be easier and cost less. から，Bは新しいテレビ用リモコンを買うつもりだとわかる。

No.13 正解 2

放送文 *A:* Grandma, we're going to learn about the history of our town in class next week. *B:* That sounds interesting, Brent. I have lots of old photos. They'll show you what our city used to look like when I was young. *A:* Oh, that's great. I was wondering if I could borrow some of your old photos to take to school. I'd like to use them in my speech during class. *B:* Sure. I'll bring you my albums after dinner.

Question: What does Brent ask his grandmother to do?

全訳 A：おばあちゃん，来週授業でぼくたちの町の歴史について勉強するんだ。 B：それはおもしろそうね，ブレント。私のところには古い写真がたくさんあるわよ。その写真を見れば，私が若かったころ，この町がどんなだったかがわかるわ。 A：それはすばらしいね。その写真の何枚かを学校に持って行くのに貸してもらえないかなあ。授業で発表をするときに使いたいんだけど。 B：いいわよ。夕食のあとであなたのところにアルバムを持って行くわ。

質問の訳 ブレントは祖母に何を頼んでいますか。

選択肢の訳 **1** 彼の写真を何枚か撮る。 **2** 彼女の写真の何枚かを彼に貸す。
3 彼が写真をアルバムに貼るのを手伝う。 **4** 彼に彼女の若いころのことを話す。

ポイント A（＝Brent）の2回目の発言 I was wondering if ～. は丁寧に頼む言い方。

No.14 正解 4

放送文 *A:* Excuse me. My wife and I want to go cycling around the hotel. I heard this hotel can rent us bikes. *B:* I'm sorry, sir. We don't rent out bikes any longer, but there is a bike rental shop in front of the hotel. *A:* I see. I'll try the shop then. *B:* Here is a guide map of the local trails around here. Have fun. The autumn leaves are really beautiful at this time of year.

Question: What does the man want to do?

全訳 Ａ：すみません。妻と２人でホテルの周辺をサイクリングしてみたいのです。このホテルで自転車をレンタルしてくれると聞きました。 Ｂ：申し訳ございません，お客様。当ホテルではもう自転車のレンタルはしておりませんが，ホテルの前に自転車のレンタルショップがございます。 Ａ：わかりました。それでは，その店に当たってみます。 Ｂ：こちらがこの周辺の小道のガイドマップになります。どうぞお楽しみください。毎年この時期は紅葉がとてもきれいです。

質問の訳 男性は何がしたいのですか。

選択肢の訳 **1** 紅葉の写真を撮る。 **2** 妻にガイドマップを買う。 **3** 湖のクルージングを予約する。 **4** サイクリング用の自転車を借りる。

ポイント Ａ（＝男性）は最初の発言で，My wife and I want to go cycling around the hotel. と話しているので，妻とホテル周辺をサイクリングしたいのだとわかる。

No.15 正解 **2**

放送文 *A:* Liz just called me to say she's going to take a day off because she's sick. Would you lend me a hand, Danny? *B:* Sure. You can ask me anything. *A:* I have an appointment with our clients in an hour. Could you make three copies of this document and bring them to the conference room? *B:* Of course, Ms. Becker. I'll do it right away.

Question: What will Danny do next?

全訳 Ａ：たった今，リズから具合が悪いので休むと電話があったの。ダニー，手を貸してくれる？ Ｂ：もちろんです。何でもおっしゃってください。 Ａ：１時間後にクライアントと会う約束があるの。この書類を３部ずつコピーして，会議室まで持ってきてくれない？ Ｂ：わかりました，ベッカーさん。すぐにやります。

質問の訳 ダニーはこのあと何をしますか。

選択肢の訳 **1** ベッカー氏のクライアントと会う。 **2** 文書のコピーを作成する。 **3** 会議室を予約する。 **4** リズの自宅に電話する。

ポイント Ａ（＝Ms. Becker）は２回目の発言で，Ｂ（＝Danny）にCould you make three copies of this document and bring them to the conference room? と頼んでいる。

リスニング・第2部

No.16 正解 **1**

放送文 Bridget is a regular player on her high school's volleyball team. She practices hard with her teammates until late every day. Her parents are worried because she looks very tired when she comes home. They go to all her games to cheer for her team, but they hope that she will concentrate on her studies more next year.

Question: What do Bridget's parents want her to do?

全訳 ブリジットは高校のバレーボールチームのレギュラーである。彼女は毎日遅

くまで，チームメイトと一生懸命に練習する。帰宅したときに彼女がとても疲れているように見えるので，ブリジットの両親は心配している。彼らは彼女のチームを応援するために，彼女が出場する試合すべてを見に行くが，来年は彼女がもっと勉強に集中してくれることを願っている。

質問の訳 ブリジットの両親は彼女にどうしてほしいのですか。

選択肢の訳 **1** もっと一生懸命勉強する。 **2** もっと家事をする。 **3** もっと早く家に帰る。 **4** 試合中ベストを尽くす。

ポイント 最終文 they hope ～から，ブリジットの両親は彼女に「もっと勉強に集中してほしい」と思っていることがわかる。

No.17 **正解** 1

放送文 Animal proteins are very important for our health. They help our bodies produce new cells. If we don't get enough animal proteins, our bodies cannot repair damaged cells. The problem is that most of the foods that are rich in animal proteins also contain fat. Meat products such as chicken, pork, and beef are important sources of animal protein, but we should be careful not to consume too much.

Question: What is one thing we learn about animal proteins?

全訳 動物性タンパク質は私たちの健康にとって非常に重要である。それらは私たちの体が新しい細胞を作り出すのを助けてくれる。私たちがそれらを十分に摂取しなければ，私たちの体は傷ついた細胞を修復することができない。問題は，動物性タンパク質を多く含む食べ物のほとんどはまた，脂肪も含んでいるということである。鶏肉や豚肉，牛肉などの肉製品は動物性タンパク質の重要な摂取源であるが，私たちはそれらを取りすぎないように注意すべきである。

質問の訳 動物性タンパク質についてわかることの1つは何ですか。

選択肢の訳 **1** それらは私たちの健康にとって不可欠だ。 **2** それらは私たちの細胞を破壊する。 **3** それらは私たちの健康に悪い。 **4** それらは脂肪をほとんど含まない。

ポイント 第2～3文で，動物性タンパク質（animal protein）は，「私たちの体が新しい細胞を作り出すのを助ける」働きをしており，摂取量が足りないと「私たちの体は傷ついた細胞を修復することができない」と述べている。

No.18 **正解** 4

放送文 Your attention, please. This is the Baxter Police Department. Today is the last day of the Baxter Summer Festival. Parents, please keep an eye on your children. The Lost Children center is next to the police station on the corner of Maple Street and Fourth Avenue. Ask the police officer patrolling the area if you need any help. Thank you.

Question: What does the announcement ask people to do?

全訳 皆様に申し上げます。こちらはバクスター警察署です。本日はバクスター・サマーフェスティバルの最終日です。保護者の皆様，お子様から目を離さないでください。迷

子預かり所は，メープル通りと４番街の角にある警察署の隣にございます。ご用があるときは，地域をパトロール中の警官にお声をかけてください。ご案内は以上です。

質問の訳 アナウンスは人々に何をするように頼んでいますか。

選択肢の訳 **1** 自分の持ち物に注意する。 **2** 車の運転に注意する。 **3** 警官に不審者を通報する。 **4** 子供たちを見守る。

ポイント アナウンスの第４文で，Parents, please keep an eye on your children. と保護者に向けて呼びかけている。keep an eye on 〜「〜から目を離さないでおく」。

No.19 **正解** 3

放送文 Jeff and Mary run a bakery. Their bread sells very well, so they have to bake bread several times a day. This morning, they ended up baking half of the bread all over again due to the wrong temperature setting on the oven. Fortunately, they managed to get out of the jam by delaying the store's opening time by half an hour.

Question: What did Jeff and Mary have to do this morning?

全訳 ジェフとメアリーはパン屋を経営している。彼らのパンはとてもよく売れるので，彼らは１日にパンを数回焼かなければならない。今朝，彼らはオーブンの温度設定を間違えたために，パンの半分を最初から焼き直すことになった。幸い，彼らは開店時間を30分遅らせることで，ピンチを切り抜けることができた。

質問の訳 ジェフとメアリーは今朝何をしなければなりませんでしたか。

選択肢の訳 **1** オーブンを修理する。 **2** パンを焼くのをあきらめる。 **3** いつもより遅い時間に開店する。 **4** パンを半額で売る。

ポイント This morning で始まる第３文以降から，今朝ジェフとメアリーはパンを焼くオーブンの温度設定を間違えたため，（予定数の）パンの半分を焼き直すことになり，開店時間を30分遅らせたことがわかる。

No.20 **正解** 2

放送文 Large parts of the Middle Eastern countries are deserts. The climate is hot and dry throughout the year, and it rarely rains there. As a result, these countries often experience serious water shortages. One solution to this is to build large plants to convert seawater into fresh water by removing the salt in it. In this way, citizens or factories can get fresh water for their daily use.

Question: How can people in Middle Eastern countries get fresh water?

全訳 中東諸国の大部分は砂漠である。そこでは気候は１年を通じて暑く乾燥しており，雨はめったに降らない。その結果，これらの国々はしばしば深刻な水不足に見舞われる。このための１つの解決策は，塩を取り除いて海水を淡水に変えるための大規模なプラントを建設することである。こうすることによって，市民あるいは工場は，毎日使うための淡水を得ることができる。

質問の訳 中東諸国の人々はどのようにして淡水を得ることができるのですか。

選択肢の訳 **1** 工場を海沿いに移すことによって。 **2** 海水から塩を取り除くことに

よって。　**3**　水槽に海水を貯めておくことによって。　**4**　海水に化学物質を加えることによって。

ポイント　One solution to this ...以降の後半で，水不足の解決策の1つとして，「塩を取り除いて海水を淡水に変えるプラント」について述べている。

No.21　正解　2

放送文　Kazuya wants to travel abroad this summer.　At first, he thought about visiting Spain.　However, as he considered his travel plans carefully, he found traveling to Spain would cost too much for him.　Then a travel agent recommended a packaged tour to Italy at a reasonable price.　It looked so nice that he decided on the tour plan.

Question: Why did Kazuya change his travel plans?

全訳　カズヤは今年の夏，外国に旅行したいと思っている。最初，彼はスペインに行くことを考えた。しかし，彼が旅行プランを慎重に検討していくうちに，彼はスペイン旅行は彼には費用がかかりすぎるとわかった。その後，彼は旅行代理店から，手頃な価格でイタリアに行けるパッケージツアーを勧められた。それがとても良さそうだったので，彼はその旅行プランに決めた。

質問の訳　なぜカズヤは旅行の計画を変更したのですか。

選択肢の訳　**1**　彼は休暇をあきらめなければならなかった。　**2**　彼はスペインへ行く余裕がなかった。　**3**　彼は旅行の予算を増額した。　**4**　彼の友人が自宅に泊まってはどうかと申し出た。

ポイント　カズヤが当初の旅行計画を変更した理由は，旅行代理店から手頃な価格のイタリア旅行を勧められたからで，当初予定していた旅行先はスペインである。

No.22　正解　4

放送文　The history of the transcontinental railroad in the United States began in 1869.　In that year, the Central Pacific and Union Pacific railroads were connected at Promontory Summit, Utah.　In the ceremony celebrating the meeting of the two railroads, the last three spikes were driven into the ground.　The transcontinental railroad enabled people to travel between the West and East Coasts in a week.　Before the two railroads were connected, it had taken several weeks.

Question: What happened at Promontory Summit in 1869?

全訳　アメリカ合衆国における大陸横断鉄道の歴史は1869年に始まった。この年，セントラル・パシフィックおよびユニオン・パシフィックの両鉄道は，ユタ州のプロモントリー・サミットで結ばれた。2本の鉄道の接続を祝う記念式典では，最後の3本の犬くぎ（鉄道レール用のくぎ）が地面に打ち込まれた。大陸横断鉄道によって，人々は東西両海岸を1週間で移動することができるようになった。2本の鉄道が結ばれる前は，数週間かかっていたのだ。

質問の訳　1869年，プロモントリー・サミットで何が起きましたか。

選択肢の訳　**1**　そこから鉄道の建設が開始された。　**2**　そこで旅行者のためのイベン

トが行われた。　**3**　その近くで金が見つかった。　**4**　2本の鉄道がそこで接続された。

ポイント　第2文から，1869年にセントラル・パシフィックおよびユニオン・パシフィックの2つの鉄道がプロモントリー・サミットで結ばれたことがわかる。

No.23　**正解**　3

放送文　Good morning, listeners.　Welcome to the Morning Spotlight on the AXV Radio Channel.　Today's guest is Ms. Susan Bond, an educational expert.　A recent study shows that digital books help students learn new material 30% to 80% faster than before.　On the other hand, some educational experts warn that the use of digital textbooks at school can prevent children from forming good reading habits.　Ms. Bond is concerned about some negative influences digital textbooks can have on children's learning.

Question: What is the topic of today's Morning Spotlight?

全訳　リスナーの皆様，おはようございます。AXVラジオ・チャンネルのモーニング・スポットライトにようこそ。本日のゲストは，教育専門家のスーザン・ボンドさんです。最近の研究によると，デジタル教科書を使った場合，学生たちが新しい内容を学ぶスピードは30〜80パーセント速くなるということです。その一方で，学校でデジタル教科書を使用することは子供たちの良い読書習慣の形成を妨げると警告する教育専門家もいます。ボンドさんは，デジタル教科書が子供たちの学習の仕方に及ぼすいくつかの好ましくない影響について心配されています。

質問の訳　本日のモーニング・スポットライトの話題は何ですか。

選択肢の訳　**1**　デジタル書籍は子供の視力にどのような悪影響を与えるか。　**2**　親は子供向けデジタルコンテンツをどのように使うべきか。　**3**　デジタル教科書は子供の学習にどのような影響を及ぼすか。　**4**　デジタル教科書の使用は学校の教師たちをどのように助けるか。

ポイント　最終文から，ゲストの教育専門家のスーザン・ボンドがデジタル教科書が子供たちの学習の仕方に及ぼす好ましくない影響について心配しているとわかる。

No.24　**正解**　3

放送文　Recently, Miranda began going to a French cooking class every Friday evening.　Last Friday, she was very busy, so she almost gave up going to class.　However, her co-worker, Randy, offered to do the rest of her work, so she could leave work.　In return for his help, she is going to invite Randy to dinner at her house and cook some French dishes for him.

Question: What does Miranda want to do for Randy?

全訳　最近ミランダは，毎週金曜日の夕方，フランス料理の教室に通い始めた。この前の金曜日，彼女は非常に忙しかったので，教室に行くのをあきらめかけた。しかし，彼女の同僚のランディが仕事の残りを引き受けると言ってくれたので，彼女は仕事から抜け出すことができた。彼女は手伝ってくれたお礼にランディを自宅の夕食に招待して，彼のためにフランス料理を作ってあげるつもりである。

ミランダはランディのために何をしてあげたいのですか。

1 彼の仕事を手伝う。　**2** 彼をレストランの夕食に招待する。　**3** 彼のためにフランス料理を作る。　**4** フランス料理のレシピをいくつか彼に教える。

最終文から，ミランダは仕事を代わってくれたランディのために，自宅の夕食に招待してフランス料理を作ってあげるつもりだとわかる。

No.25 　正 解　2

Masato signed up to run in a marathon last March. It was his first time running a full marathon, so he trained very hard after work every day. However, just two days before the race, he caught the flu. Because of a high fever, he had to lie in bed for several days. He was very disappointed that he was not able to run in the marathon. Now he's planning to try again next year.

Question: What problem did Masato have?

昨年の3月，マサトはマラソン大会に参加登録をした。フルマラソンを走るのは彼にとって初めてのことだったので，彼は仕事のあとで毎日一生懸命にトレーニングをした。しかし，レースのわずか2日前になって，彼はインフルエンザにかかってしまった。高い熱が出て，彼は数日間ベッドで寝ていなければならなかった。マラソン大会で走れなかったので，彼はとてもがっかりした。今，彼は来年マラソン大会に再挑戦する計画を立てている。

マサトはどのような問題を経験しましたか。

1 彼はレース中にけがをした。　**2** 彼はレースの直前になって病気になった。　**3** 彼にはレースに向けてトレーニングする時間がなかった。　**4** 彼はコースが自分にはきつすぎるとわかった。

第3文から，マサトはレースの2日前にインフルエンザにかかり，マラソン大会に出られなくなったとわかる。

No.26 　正 解　1

Alan loves watching stars glitter in the night sky. One day, he found a nice telescope in an online shop. He couldn't afford to buy an expensive telescope, so he talked to his big sister, Liz, about it. She said she could lend him some money on the condition that he pay it back within a year. He thanked her and promised to work part-time to pay her back.

Question: What did Liz offer to do for Alan?

アランは夜空にきらめく星を見るのが大好きだ。ある日，彼はオンラインショップでとてもよい望遠鏡を見つけた。彼には高価な望遠鏡を買う余裕がなかったので，姉のリズに相談した。彼女は，彼が1年以内に返してくれるならお金を貸してあげてもよいと言ってくれた。彼は彼女に感謝し，アルバイトをしてお金を作ると約束した。

リズはアランのために何をすることを申し出ましたか。

1 彼にお金を貸す。　**2** 彼に仕事を見つける。　**3** 彼に自分の望遠鏡を使わせる。　**4** 彼に望遠鏡を買ってあげる。

No.27　**正解**　4

放送文　Many sled dog races are held during the winter in Alaska, but the most famous is the Iditarod.　In early March every year, a team of 16 dogs led by sled drivers called "mushers" runs over 1,000 miles from Anchorage to Nome.　It usually takes eight or nine days to finish the long-distance race.　The race is held in extreme cold and often in violent blizzards.　The dogs must be given careful checkups at every checkpoint along the course.

Question: What is one thing we learn about the Iditarod race?

全訳　アラスカでは冬の間に多くの犬ぞりレースが行われるが，最も有名なものはアイディタロッドである。毎年3月初旬，「マッシャー」と呼ばれる犬ぞりの統率者に率いられた16匹の犬で構成されるチームは，アンカレッジからノームまで1千マイル以上の距離を走る。この長距離レースを走り終えるのには通常8〜9日間かかる。そのレースは厳しい寒さとしばしば猛烈なブリザードの中で行われる。犬はコース上に設けられたチェックポイントごとに，念入りな健康診断を受けなければならない。

質問の訳　アイディタロッド・レースに関してわかることの1つは何ですか。

選択肢の訳　**1**　それはアラスカで唯一の犬ぞりレースである。　**2**　それは1年に1回行われる短距離レースである。　**3**　それは医師の団体がスポンサーになっている。　**4**　それは過酷な気象条件のもとで競われる。

ポイント　第4文から，The race（＝アイディタロッド・レース）は，厳しい寒さとしばしば猛烈なブリザードの中で行われることがわかる。

No.28　**正解**　2

放送文　Attention, passengers.　We'll soon be landing at Los Angeles International Airport.　We apologize again for the delay before takeoff due to a maintenance issue.　For passengers who have missed a connecting flight, please go to our transfer desk.　The staff members there will try to put you on the next available flight.　Now take your seat and fasten your seat belt.　Thank you for your attention.

Question: Why is the flight arriving late in Los Angeles?

全訳　乗客の皆様に申し上げます。当機はまもなくロサンジェルス国際空港に到着いたします。離陸前に整備作業の問題で遅れが生じましたことを重ねてお詫び申し上げます。乗り継ぎ便に間に合わなかったお客様は，弊社の乗り継ぎ案内所までお越しください。係の者が次の利用可能な便にお乗りいただけるよう手配させていただきます。それではご着席になり，シートベルトをお締めください。ご案内は以上です。

質問の訳　飛行機のロサンジェルス到着が遅れた原因は何ですか。

選択肢の訳　**1**　嵐を避けなければならなかった。　**2**　整備中に問題があった。　**3**　何人かの乗客を待たなければならなかった。　**4**　清掃する必要があった。

ポイント　謝罪表現の We apologize again for ... で始まる第3文から，飛行機のロサンジェ

ルス到着が遅れた原因は整備作業の問題のためだったとわかる。

No.29　正解　2

放送文　David works at the science museum in his city.　These days, his museum is experiencing a sharp decline in the number of visitors.　Last month, he traveled to New York City with his co-workers to see some of its best museums.　He was surprised to see exciting exhibitions and special events at these museums.　Now David and his co-workers feel they have a lot of ideas for attracting visitors to their museum.

Question: Why did David and his co-workers go on a trip?

全訳　デイヴィッドは彼が住む市の科学博物館に勤めている。最近，彼の勤める博物館では，来館者の数が急激に減少している。先月，彼は同僚たちとニューヨーク市に行き，この街にある最良の博物館のいくつかを見学した。これらの博物館でわくわくするような展示や特別なイベントを見て，彼は驚いた。今デイヴィッドと彼の同僚たちは，彼らの博物館に来館者を引きつけるためのアイディアがたくさんあると感じている。

質問の訳　デイヴィッドと彼の同僚たちは何の目的で旅行に行ったのですか。

選択肢の訳　1　財政支援を求めるため。　2　来館者を引き寄せるためのアイディアを得るため。　3　彼らの市に新しい博物館を建てるため。　4　彼らの博物館に新しいセキュリティシステムを導入するため。

ポイント　第3文〜最終文から，デイヴィッドたちは，科学博物館の来館者を増やすためのヒントを得るために，ニューヨーク市の博物館を見学したと考えられる。

No.30　正解　4

放送文　In her high school days, Rei's dream was to become a pilot.　At first, her parents did not agree with her idea, but she would not change her mind.　Actually, she continued to follow her dream, and now she is studying a lot about airplanes at university.　She is also making efforts to improve her English skills.　She will take difficult exams to get a commercial pilot's license in the near future.

Question: What does Rei want to do in the future?

全訳　高校時代，レイの夢はパイロットになることだった。彼女の両親は，最初は彼女の考えに反対したが，彼女は考えを変えようとはしなかった。実際，彼女は自分の夢を追い続け，現在は大学で航空機について多くのことを勉強している。彼女はまた英語の技能を向上させるために努力もしている。近い将来，彼女は職業パイロットの免許を取得するために難しい試験を受けるつもりである。

質問の訳　レイは将来何がしたいのですか。

選択肢の訳　1　航空機デザイナーになる。　2　英語の能力を伸ばす。　3　飛行機がどのようにして飛ぶのかを学ぶ。　4　飛行機を操縦する。

ポイント　第1文および最終文から，レイにはパイロットになるという夢があり，近い将来に免許を取得するための試験を受けるつもりであることがわかる。

英文作成，作問，解説●布施潔／CD作成協力●ELEC録音スタジオ
本文デザイン●松倉浩・鈴木友佳／イラスト●坂木浩子，今田貴之進
編集協力●一校舎／企画編集●成美堂出版編集部

本書に関する正誤等の最新情報は，下記のアドレスで確認することができます。
https://www.seibidoshuppan.co.jp/support/

上記URLに記載されていない箇所で正誤についてお気づきの場合は，書名・発行日・質問事項・ページ数・氏名・郵便番号・住所・FAX番号を明記の上，**郵送またはFAXで成美堂出版**までお問い合わせください。

※電話でのお問い合わせはお受けできません。

※本書の正誤に関するご質問以外にはお答えできません。また受験指導などは行っておりません。

※ご質問の到着確認後，10日前後に回答を普通郵便またはFAXで発送いたします。
ご質問の受付期限は，各試験日の10日前到着分までとさせていただきます。ご了承ください。

・本書の付属CDは，CDプレーヤーでの再生を保証する規格品です。
・CDプレーヤーで音声が正常に再生されるCDから，パソコンやiPodなどのデジタルオーディオプレーヤーに取り込む際にトラブルが生じた場合は，まず，そのソフトまたはプレーヤーの製作元にご相談ください。
・本書の付属CDには，タイトルなどの文字情報はいっさい含まれておりません。CDをパソコンに読み込んだ際，文字情報が表示されることがありますが，それは弊社の管理下にはないデータが取り込まれたためです。必ず音声をご確認ください。

このコンテンツは，公益財団法人 日本英語検定協会の承認や推奨，その他の検討を受けたものではありません。

スピード攻略! 英検®2級 一問一答&予想模試

2023年5月20日発行

編　者　成美堂出版編集部

発行者　深見公子

発行所　成美堂出版
　　　　〒162-8445　東京都新宿区新小川町1-7
　　　　電話(03)5206-8151　FAX(03)5206-8159

印　刷　株式会社フクイン

スピード攻略！

英検®2級
一問一答
& 予想模試

英検®は、公益財団法人 日本英語検定協会の登録商標です。

別冊 ○━━ 一次試験
予想模試

別冊

矢印の方向に引くと別冊が取り外せます。➤

成美堂出版

1 次の(1)から(20)までの（　）に入れるのに最も適切なものを1，2，3，4の中から一つ選び，その番号を解答用紙の所定欄にマークしなさい。

---

(1) Scott sensed that his daughter was (　　) hiding something from him. She looked very nervous and didn't look him straight in the eye.

1 commonly　　2 bravely　　　3 temporarily　　4 obviously

(2) Carol was shocked when she heard that her boyfriend, Kevin, would be transferred to the Tokyo branch. She had always thought of Japan as a (　) country she would never visit.

1 sensitive　　2 distant　　　3 logical　　　4 critical

(3) Agnes is a very gentle girl. She always has good manners, so her parents have never told her to (　) in public.

1 behave　　2 ignore　　　3 witness　　　4 imitate

(4) *A:* Did you notice Jessica's new hairstyle?
B: Yes, she always says changing her (　) is good for a change.

1 approval　　2 responsibility　3 contribution　4 appearance

(5) Rice is the most important food crop in Japan. Since the middle 1960s, however, the (　) of rice in Japan has been steadily going down.

1 argument　　2 structure　　3 accuracy　　4 consumption

(6) These days, children use social media as a useful tool for sharing interests and information among friends. On the other hand, recent research found that it ( ) many children from their studies and other important activities.

1 distracts **2** resigns **3** protects **4** expands

(7) The big volcano eruption greatly changed the ( ) of the island. Now, most of the jungles that had been home to many animals are covered in gray ash.

1 measure **2** landscape **3** symptom **4** reaction

(8) *A:* Today's newspaper says that nearly half of all Americans pay for music streaming services every month.

B: I'm not surprised to hear that. These days, only a ( ) of people listen to music on CDs.

1 vacancy **2** pause **3** minority **4** quantity

(9) The composer ( ) some of his pieces for piano to his sister, who understood his music the best and always encouraged him.

1 estimated **2** occupied **3** dedicated **4** predicted

(10) Last night, while Ellen and Ronald were having dinner at a restaurant, he complained to the waiter about the way he served their food. She felt ( ) and told him to be patient.

1 embarrassed **2** encountered **3** exaggerated **4** emphasized

(11) The private school (   ) with its school uniform last month. Now students have to decide what clothes to wear to school according to the new guidelines.

1 ran away   **2** made up   **3** did away   **4** kept up

(12) Today, even elementary school students use social networking services, to say (   ) of adults. That's why more and more children are becoming victims of cybercrime.

1 anything   **2** nothing   **3** much   **4** worse

(13) **A:** I love the atmosphere of this restaurant. May I take some pictures here?

B: I think there's no problem, but I'll go ask (   ) our manager's permission.

1 with   **2** to   **3** by   **4** for

(14) The capital of that country fell into a state of chaos. The police were (   ) of controlling the angry crowd.

1 incapable   **2** convinced   **3** aware   **4** true

(15) **A:** How was the rock concert last night, Daniel?

B: Well, the Rubies are my favorite band, but it was not their best performance. I think they (   ) their fans a bit.

1 cut off   **2** let down   **3** took over   **4** set off

(16) *A:* Mom, what (　　) of the used aluminum cans after they are collected?

　　 B: They are recycled at special plants and become new cans and other products.

　　 1 allows 　　 **2** moves 　　 **3** becomes 　　 **4** turns

(17) The powerful hurricane is gathering pace and (　　) the East Coast of the United States.

　　 1 growing into 　 **2** heading for 　 **3** glancing at 　 **4** hanging on

(18) When Jack entered the living room, his mother was sleeping on the sofa with a quiet tune (　　) in the background.

　　 1 to play 　　 **2** played 　　 **3** playing 　　 **4** play

(19) Alissa began learning Japanese when she was a college student. By the end of next month, she (　　) studying it for six years.

　　 1 will be 　　 **2** was 　　 **3** has been 　　 **4** will have been

(20) *A:* It's getting hot in this room. Would you mind my (　　) on the air-conditioner?

　　 B: Not at all. Please go ahead.

　　 1 turned 　　 **2** to turning 　　 **3** turning 　　 **4** being turned

次の英文 [A], [B] を読み，その文意にそって*(21)*から*(26)*までの（　）に入れるのに最も適切なものを１，２，３，４の中から一つ選び，その番号を解答用紙の所定欄にマークしなさい。

[A]

Truffle Hunting

Since ancient times, we humans have discovered superior abilities in other animals and then trained those animals to serve our specific purposes. One such example is truffle pigs, domestic female pigs specially trained to sniff out truffles beneath the ground. The history of truffle pigs dates back to the Roman Empire, where people first discovered that a female pig (　*21*　) truffles.

It was during the Renaissance period that truffles gained popularity among gourmets in European countries for their unique aroma and taste. Later, the demand for this rare type of fungus increased rapidly in the Parisian markets in the 18th century. In particular, white truffles harvested in Alba, northern Italy, were highly prized among gourmets. However, when it came to finding truffles ready for harvesting, even in the 20th century, people had long (　*22*　).

Truffles, which are often called "the diamond of the kitchen," give off a strong aroma when they are ripe. The aroma is similar to the smell of pheromones that male pigs use to attract female pigs during the mating season. Attracted by the aroma of truffles, trained female pigs walk in the forest with truffle hunters and pinpoint where ripe truffles are growing. The problem is that the pigs want to eat the truffles as soon as they've found them. Also, pigs can damage the entire forest ecosystem because they try to dig out everything in the forest. (　*23*　), in 1985, Italy banned the use of truffle pigs for truffle hunting. Nowadays, most truffle hunters use trained dogs instead of pigs to locate ripe truffles.

(21) 1 felt a lot of stress from
2 had a good eye for
3 had a keen nose for
4 was indifferent to

(22) 1 depended on female pigs
2 continued truffle hunting
3 protected truffle forests
4 looked for an alternative animal

(23) 1 Meanwhile
2 Nevertheless
3 In reality
4 For these reasons

[B]

The Storegga Slide

Most landslides occur after heavy rainfall or strong earthquakes. Every year, landslide disasters are reported in many parts of the world. Sometimes a large landslide can bury an entire community, resulting in heavy casualties. Experts warn that landslides are often caused by careless logging practices on mountain slopes. Trees and forests play a very important role in preventing soil from being destroyed by wind or water. If forest cover is lost and the soil is left unprotected, it has a serious impact on (24).

Landslides do not always occur on land. In fact, one of the largest landslides in the history of Earth occurred at the bottom of the sea. Around 6200 B.C., at least three large-scale landslides occurred at the edge of the continental slope off the coast of Norway, one after another. The series of landslides, now known as the Storegga Slide, carried massive amounts of sediment down the continental slope about 800 kilometers long. This (25) caused huge tsunamis, probably 10 to 25 meters high, which struck the coastal areas of ancient Northern Europe.

It has not been fully understood how the Storegga Slide occurred. One of the most widely supported theory is that a strong earthquake could have set off sudden and rapid releases of methane gas from methane hydrate that had accumulated under the ocean floor. Scientists warn that big landslides can happen under the sea along other coastal areas around the world. They expect that if they can figure out the mechanism of the Storegga Slide, it will help us (26) in the future.

(24) 1 the whole forest ecosystem
2 the stability of mountain slopes
3 the economy of local communities
4 the development of mountain areas

(25) 1 with ease
2 by nature
3 on time
4 in turn

(26) 1 improve the environment
2 build safer and stronger houses
3 prepare for similar natural disasters
4 find traces of tsunamis

[A]

From: Simon Miller <s-miller@worldmail.com>
To: Bianca Curtis <b-curtis@unk-mail.com>
Date: September 22
Subject: ACR's TV

Dear Ms. Curtis,

I'm writing to complain about the poor quality of after-sales service I've received. I bought an ACR's 32-inch TV at your store on September 18. The TV was at a 30-percent discount on an autumn clearance sale, and I paid $280 for it. The TV was installed free of charge on September 19, but the next day, when I was watching TV, it suddenly shut down. I pressed the power button repeatedly, but the TV wouldn't respond.

On September 21, I called your support desk about the problem, and the next day your technical service man came to my house to check the TV. The man told me that some parts of the TV needed to be repaired. I asked him to replace the broken TV with a new one, but he explained to me that the store had sold out of the model, so they could not do it. This was not acceptable to me, so I demanded to speak to the store manager directly. He left, just providing me with your name and e-mail address.

I understand that your store has your own policy about clearance sale items. However, I strongly protest that this case be made an exception because it broke only a few days after I bought it. I demand you give me a refund if you cannot replace the TV with a new one. Please let me know when it will be done.

Yours sincerely,
Simon Miller

(27) On September 20, Simon Miller
  1 saw an advertisement for a clearance sale of TVs.
  2 called the store's support center.
  3 sent an e-mail to Ms. Curtis about the TV he bought.
  4 found a problem with the TV he had just bought.

(28) The technical service man told Simon Miller that
  1 some parts of the TV needed repair.
  2 he was not allowed to give Simon the store manager's name.
  3 he would replace the TV with a new one of the same model.
  4 he could not find any mechanical problems with the TV.

(29) What is one thing Simon Miller tells Ms. Curtis?
  1 Ms. Curtis should visit his house and sincerely apologize to him.
  2 Ms. Curtis should give him a refund if the TV cannot be replaced with a new one.
  3 The store should make up for the money he paid for repairing the TV.
  4 The store should follow its policy about the items sold on clearance sales.

Learning Languages Other Than English

It goes without saying that English is a global language, but it is not always the best language to do business with companies overseas. As the business world becomes increasingly borderless, more and more employers are looking for skilled people who have a good command of foreign languages other than English. In order to meet this demand, governments around the world are increasing the quality of their foreign language education curriculums. However, the situation is not necessarily the same in the U.S.

In non-English-speaking countries in Europe, many children begin learning English at elementary school. Meanwhile, education experts say that American public education has not provided students with enough opportunities to learn important foreign languages. Since the 2000s, the number of school language programs has considerably decreased in the U.S. According to the National K-12 Foreign Language Enrollment Survey Report, only about 20% of students across the U.S. study foreign languages at some point in their K-12 years, and only 7.5% of college students study foreign languages. Nancy Rhodes, at the Center for Applied Linguistics, says, "Foreign languages are among the first things that get cut in the budget reduction. They are seen as something that's not a necessity."

Some language experts point out that a sense of cultural superiority is behind the decline in foreign language studies in the U.S. Non-English-speaking countries think that language is an essential tool for winning economic competition and obtaining national security. Foreign language education is a top priority for these countries. On the other hand, English has already established its status as a global language. Shuhan Wang, of the National Foreign Language Center, says, "We are always trying to use English as a badge of national identity and expression, but ... it becomes a two-edged sword. People understand us, but we don't comprehend them."

There are some signs of improvement, however. Children in the U.S. have come to recognize that learning foreign languages is the best way to succeed in a multicultural society. Parents are also pushing for more language study in schools, particularly in elementary schools. Private language academies are being built all over the country, and online learning programs are becoming popular. Language education experts in the U.S. expect that the current circumstances will improve in the future.

(30) Many employers are seeking
 1 experts who can give advice on developing new business models.
 2 instructors who are familiar with the methods of teaching practical English.
 3 long-term strategies for expanding their business overseas.
 4 talented people who can speak a foreign language besides English.

(31) Why is the number of school language programs on the decline in the U.S.?
 1 It is probable that budgets for language education are reduced.
 2 There aren't enough language teachers in middle and high schools across the country.
 3 These days, students are not as interested in foreign languages as before.
 4 Demand for staff with foreign language skills is not large in the business world.

(32) What does a language expert say about a problem with American people?
 1 They tend to judge people based on their social status and personal wealth.
 2 They do not try to understand foreigners through languages other than English.
 3 They are not willing to accept cultural differences these days.
 4 They are losing their national identity in the globalizing world.

(33) What do language experts think will become of foreign language education in the U.S.?
 1 Foreign language learning will become more active.
 2 Most people will stay indifferent to language education.
 3 Private academies will provide foreign language courses in place of public schools.
 4 More language courses in school will be cut to meet the budget.

Blocking Harmful Sunrays

Today, it is commonly known that we should avoid exposing ourselves to sunlight for long hours. Of all the ultraviolet rays, or UV rays, from the sun, UVA rays are the most dangerous. UVA rays have long wavelengths and penetrate deep into our skin, causing long-term damage such as premature aging of skin, wrinkles, and even worse, skin cancer. Most people take great care to avoid UVA rays. However, what most people don't realize is that we are at risk from UVA rays, even in cars. Normal glass does not block UVA rays, so they come through windows and attack our skin.

According to some recent studies, the majority of Americans receive most of their sun exposure while driving. American cars have steering wheels on the left side, so drivers are often exposed to sunlight through the left side window. As a result, doctors have found that skin damage from UVA rays is more common on the left side of patients. The risk of skin damage from UVA rays is especially high for truck drivers who expose themselves to the sun on the road for many hours every day.

In 2012, a face photo of a 69-year-old truck driver appeared on in issue of *The New England Journal of Medicine.* He had exposed himself to UVA rays through his truck window for 28 years. The photo showed that the left side of the truck driver's face had severe skin damage from the sun, while the right side of his face looked 10 or 20 years younger. The photo was reposted on news sites and Facebook pages around the world very quickly, and raised awareness among the public about the dangers of UVA rays on our skin.

One effective way of protecting car drivers from UVA rays is to apply protective films to the interior of a car's side and back windows. These days, car windshields are usually treated to protect drivers from most UVA rays, but the side and back windows often aren't. Protective films can block up to 99% of the UVA rays that enter through these car windows. They also block heat from the sun, which increases the efficiency of the air conditioning system inside a car.

(34) We tend to forget that
1   skin cancer is the most common cancer in many countries.
2   bathing in sunlight is necessary for staying healthy.
3   normal car windows cannot protect us from the attack of UVA rays.
4   the risk of long-wave UVA rays may increase when we are inside a car.

(35) What is one thing recent studies found out?
1   Many Americans don't realize that their risk of skin damage from UVA rays.
2   Most cars can't protect drivers and passengers from harmful sunrays.
3   The number of skin cancer patients is increasing in the U.S.
4   Truck drivers are more often exposed to the risk of cancer-causing UVA rays.

(36) The photo that appeared in the New England Journal of Medicine in 2012
1   made many truck drivers think about changing jobs.
2   taught people what serious damage UVA rays could do to their skin.
3   encouraged truck drivers to get checked for skin cancer.
4   led to restricting truck drivers' working hours per day.

(37) What is one advantage of applying protective films to car windows?
1   It makes window glass last much longer.
2   It keeps the inside of a car cool without air conditioning.
3   It prevents people from falling asleep while driving.
4   It reduces harmful UV rays that enter through car windows.

(38) Which of the following statements is true?
1   Auto manufacturers recommend drivers apply protective films to windshields.
2   Most of the UVA rays from the sun are blocked out before they reach the earth's surface.
3   Most truck drivers cannot afford to treat all their car windows with protective films.
4   The left side of the 69-year-old truck driver's face looked more damaged from UVA rays than the right side.

● 以下のTOPICについて，あなたの意見とその理由を2つ書きなさい。

● POINTSは理由を書く際の参考となる観点を示したものです。ただし，これ
ら以外の観点から理由を書いてもかまいません。

● 語数の目安は80語～100語です。

● 解答は，解答用紙のB面にあるライティング解答欄に書きなさい。なお，解
答欄の外に書かれたものは採点されません。

● 解答がTOPICに示された問いの答えになっていない場合や，TOPICからず
れていると判断された場合は，0点と採点されることがあります。TOPICの
内容をよく読んでから答えてください。

TOPIC

Some people say that parents should take their children to zoos more often. Do you agree with this opinion?

POINTS

● *Nature*

● *Education*

● *Conservation*

Listening Test

2級リスニングテストについて

❶このリスニングテストには，第1部と第2部があります。

★英文はすべて一度しか読まれません。

第1部……対話を聞き，その質問に対して最も適切なものを**1**，**2**，**3**，**4**の中から一つ選びなさい。

第2部……英文を聞き，その質問に対して最も適切なものを**1**，**2**，**3**，**4**の中から一つ選びなさい。

❷*No. 30* のあと，10秒すると試験終了の合図がありますので，筆記用具を置いてください。

第1部

No. 1
1　She has some work to finish.
2　She is waiting for her client.
3　She has already finished dinner.
4　She has to drop by a bank first.

No. 2
1　Walk to the Geo-Center.
2　Kill time at a café.
3　Wait for the next No. 7 bus.
4　Get on the No. 14 bus.

No. 3
1　They have worked together.
2　They are going to move to another city.
3　They changed jobs.
4　They were at the same high school.

No. 4
1　He wants to save money.
2　He likes to walk.
3　He needs to lose some weight.
4　He can't stand crowded buses.

No. 5   **1** Change TV channels.

     2 Buy a DVD for him.

     3 Teach him how to use a TV recorder.

     4 Record a TV program for him.

No. 6   **1** Having a business talk at a client's office.

     2 Eating lunch with his clients.

     3 Attending a meeting in the office.

     4 Talking to a client on the phone.

No. 7   **1** His computer is broken.

     2 He cannot send an e-mail.

     3 He clicked the wrong button.

     4 His password isn't being accepted.

No. 8   **1** Meet Bill's favorite painter.

     2 See an art exhibition together.

     3 Paint a picture together.

     4 Visit another museum.

No. 9   **1** Put the cookies in a special box.

     2 Add some cookies with almond for free.

     3 Give his daughter some accessories.

     4 Give him a discount from the regular price.

No. 10 **1** To offer help for his sick dog.

     2 To give him more advice about his dog.

     3 To inform him of the best animal hospital she knows.

     4 To ask him what happened to his dog.

No. 11 **1** Whether his daughter can get a discount.

     2 Whether it is safe for his daughter.

     3 When the next ride starts.

     4 How long the ride will take.

No. 12   1   Change jobs.

2   Start her own business.

3   Request a transfer.

4   Work less overtime.

No. 13   1   He has eaten it before.

2   It doesn't agree with his taste.

3   It needs some expensive ingredients.

4   He wants to cook it by himself.

No. 14   1   She had a bad toothache.

2   She left school early.

3   She got very tired after class.

4   She forgot about the meeting.

No. 15   1   Go to work on weekends.

2   Take a whole week off.

3   Plan a weekend trip.

4   Sign up for a tour.

第2部

No. 16   1   Join the town's volunteer activities.

2   Clean the beach every morning.

3   Ask people to keep the beach clean.

4   Bring glass bottles to be recycled.

No. 17   1   It has more bones than humans.

2   It works well to protect against enemies.

3   It helps to eat the leaves high up on the trees.

4   It can be shortened to drink water.

No. 18   1   She wants to order another item.

2   The shop sent her the wrong item.

3   Her order has not arrived yet.

4   She received a damaged item.

No. 19
1 Increase his company's sales.
2 Ask his boss to raise his salary.
3 Prevent food waste in his company.
4 Create new food products for his company.

No. 20
1 Give a performance at another event.
2 Sell her CD albums in the lobby.
3 Sign autographs for her fans.
4 Sing her new songs.

No. 21
1 Take her parents on a tour of Tokyo.
2 Go back to her hometown.
3 Learn how to cook traditional Japanese food.
4 Teach students at a summer school.

No. 22
1 It slows down traffic.
2 It prevents people from going out.
3 It stops electricity.
4 It makes the air humid.

No. 23
1 A new swing ride has just been introduced.
2 One of the two roller coasters is closed today.
3 The park will close earlier than usual today.
4 Visitors can enjoy a parade for two hours.

No. 24
1 Even ancient people suffered from it.
2 It could not be cured in ancient times.
3 It can be seen only among modern people.
4 Rich people are more likely to suffer from it.

No. 25
1 He won a tour ticket.
2 He was asked to take part in an event.
3 He found an interesting book at a bookstore.
4 He got an autograph from a writer.

No. 26
1 He decided to take over his parents' farm.
2 He became ill while working.
3 He began studying agriculture at college.
4 He got a job at an insurance company.

No. 27
1 They can't eat what they like.
2 They can't choose the best seat.
3 They can't afford an expensive seat.
4 They can't sleep well easily.

No. 28
1 How the Internet population grew.
2 How the Internet has developed.
3 How the history of the Internet began.
4 How the Internet can influence our society.

No. 29
1 It's an action movie.
2 Kim's grandfather has watched it before.
3 Kim wants to watch it this weekend.
4 It was a great hit in the 1950's.

No. 30
1 It still uses steam locomotives.
2 Passengers could not smoke on it from the beginning.
3 It is used by 1 billion people every day.
4 Electric trains were introduced in the late 19th century.

1 次の(1)から(20)までの（　　）に入れるのに最も適切なものを1, 2, 3, 4の中から一つ選び，その番号を解答用紙の所定欄にマークしなさい。

---

(1) The city council (　　) the issue for three hours before voting,
 1 accomplished **2** debated **3** trusted **4** relieved

(2) An international forum was held in Tokyo last week.　More than 1,000 people of different nationalities (　　) in it.
 1 delayed **2** qualified **3** survived **4** participated

(3) **A:** What is Amanda doing?　We'll be late for the party.
 B: She's putting on her makeup.　It always takes her an (　　) long time to finish it.
 1 awfully **2** indirectly **3** accidentally **4** effectively

(4) Last Sunday, Ellen hurt her back when she fell down the stairs.　The doctor told her to avoid (　　) exercises, such as jogging, for a while.
 1 financial **2** physical **3** conscious **4** brilliant

(5) **A:** Harry, I'm going to have a job interview next Monday.　I'm worried because I easily get nervous.
 B: Alice, you should have more (　　) in your abilities.　You are good at expressing yourself too.
 1 description **2** confidence **3** fiction **4** curiosity

(6) As that infectious disease pandemic dragged on, it put a heavy financial
( ) on hospitals around the world.

1 burden   **2** institute   **3** mixture   **4** legend

(7) *A:* Honey, if you come shopping with me, will you ( ) me to buy eggs
at the supermarket? I'll need them for dinner tonight.
B: Yes, of course.

1 discourage   **2** enable   **3** remind   **4** persuade

(8) The food company has grown rapidly over the last few years. Now they
are planning to start ( ) their products to South American countries.

1 attaching   **2** exporting   **3** distracting   **4** postponing

(9) Many studies show that under normal ( ), children can learn two or
more languages without much difficulty if they need them to communicate.

1 policies   **2** institutions   **3** donations   **4** circumstances

(10) *A:* Oh, Sakura! You look very charming in a kimono. Do you often wear
one in Japan?
B: No, Bill. I wear one only on special ( ) like New Year's Day and
for weddings.

1 admissions   **2** expressions   **3** occasions   **4** invasions

(11) *A:* I'm sorry to have kept you waiting, Janet. I'll treat you to lunch to (   )
for it.

B: Oh, thank you, Ralph, but that's all right.

1 go out   **2** make up   **3** speak up   **4** watch out

(12) Although Japanese kimono culture has been (   ) for centuries, the style
has changed to suit the needs and tastes of the times.

1 used up   **2** turned up   **3** spread out   **4** handed down

(13) Mina is going to give a presentation in English class tomorrow. Now she
is too (   ) it to think about anything else.

1 consistent with   **2** anxious about

3 familiar with   **4** ignorant of

(14) *A:* Jessica, do you have any plans this weekend?

B: Nothing (   ). I'll just do some housework and go shopping.

1 for good   **2** on purpose   **3** in particular   **4** at random

(15) Fred had long dreamed of becoming a painter, but recently he started to
have second (   ) about it because he realized how difficult it would be
for him to make a living just painting and drawing.

1 ideas   **2** thoughts   **3** tasks   **4** choices

(16) A: What do you think of our new staff member?

B: You mean Carol? Well ... I wish she were a little more friendly to the other staff members, but I don't have any complaints (　) her ability.

1 by means of　　　　　　　　**2** with regard to

3 on account of　　　　　　　**4** in place of

(17) The thief who had broken (　) the jewelry store a week ago was arrested by the police this morning.

1 into　　　　**2** up　　　　　**3** out　　　　　**4** off

(18) A: Dad, there is no milk (　) in the fridge. I want to put some in my coffee.

B: Sorry, Annie. I'll get it for sure when I go shopping this afternoon.

1 left　　　　**2** have left　　**3** had left　　**4** leaving

(19) Yesterday, Alan found he had won 2 million dollars in the lottery. He felt as if he (　) in a dream.

1 being　　　**2** has been　　**3** is　　　　　**4** were

(20) Emma's sister works as a model, so she is very careful about her figure. She doesn't eat fatty foods so as not (　) weight.

1 gained　　**2** having gained　**3** to gain　　**4** gaining

次の英文 [A]，[B] を読み，その文意にそって(21)から(26)までの（　）に入れるのに最も適切なものを 1，2，3，4の中から一つ選び，その番号を解答用紙の所定欄にマークしなさい。

[A]

Stealing in the Dark

Even well-behaved children sneak snacks when they know they are not being watched by their parents. How about your pet dogs then? Dog owners expect their dogs to behave well even when they take their eyes off of them, but many online video movies (　*21*　). For example, a video uploaded by a woman shows her golden retriever stealing a piece of bread while she was away from the kitchen for just a few minutes. How well can dogs understand the difference between the two situations or conditions?

Recently a group of researchers in Leipzig, Germany, ran a series of experiments on dogs in several different light conditions. A total of 84 domestic dogs aged one year or older, 42 female and 42 male, were chosen for the experiments. Before each experiment, the dogs had been told by a human tester not to take food. (　*22*　), the results showed that dogs were four times more likely to disobey the order in a darkened room than in a lit room. When the room was dark, the dogs tended to take more food and take it more quickly than when the room was lit.

The results of the experiments show that dogs are deciding it's (　*23*　) when the room is dark. There is no hard evidence indicating how well dogs can see in the dark. However, the results of this study suggest that dogs can at least understand the difference between light and dark conditions. Dr. Kaminski says, "That's incredible because it implies dogs understand the human can't see them, meaning they might understand the human perspective."

(21) 1 support this widely-accepted theory
     2 provide enough evidence
     3 produce the same result
     4 show the contrary

(22) 1 At any rate
     2 Consequently
     3 Therefore
     4 Nevertheless

(23) 1 necessary to wait
     2 dangerous to take action
     3 safer to steal the food
     4 difficult to get a chance

[B]

Sleep Affects Everything

These days, many people are suffering from a lack of sleep. The biggest cause of this health problem is using electronic devices late at night. Many people use computers, watch TV, and play video games at bedtime, and all of these devices have screens and send out a lot of bright light. This bright light (**24**) because it prevents your body from going into "sleep mode."

Late in the evening, our brain releases the chemical substance called melatonin. Melatonin, known as the "hormone of darkness," will make us sleepy — but only when we are in dim light. For example, if you sit in a dimly lit room before getting ready for bed, melatonin will help you fall asleep easily. However, with bright lights on in the room, this mechanism doesn't work normally because your brain cannot receive the right signal. (**25**), even after you go to bed, you will not be able to get to sleep soon.

Sleep experts point out that the amount of sleep we get can affect how well we work or learn. Generally speaking, people who get a good night's sleep every day tend to achieve good results at work or higher scores in their studies. On the other hand, people who don't get enough sleep often have difficulty concentrating on something important. Sleep experts say that it's never too late to (**26**). They advise that we put sleep on our to-do list just as we do when we have tasks to complete, groceries to get, and things to remember. They say that if we go to sleep early for a week, we'll be surprised at the difference.

(24) 1　has a calming effect on your mind
　　　2　can work positively on your body
　　　3　may lead to saving your life
　　　4　has a bad influence on your health

(25) 1　As a result
　　　2　So far
　　　3　In addition
　　　4　On the other hand

(26) 1　have a medical checkup
　　　2　change your sleep habits
　　　3　improve your working environment
　　　4　start doing exercise

予想模試・第2回

次の英文 [A]，[B]，[C] の内容に関して，*(27)* から *(38)* までの質問に対して最も適切なもの，または文を完成させるのに最も適切なものを 1，2，3，4 の中から一つ選び，その番号を解答用紙の所定欄にマークしなさい。

[A]

From: Patrick Taylor <p-taylor@hyperionelectronics.com>
To: Judy Brooks <j-brooks@jmc-advertising.com>
Date: August 8, 2022
Subject: Advertising Magni EX975

....

Dear Ms. Brooks,

I was given your e-mail address by Ellen Wagner, the director of the marketing department of Hyperion Electronics. She showed me some newspaper advertisements your advertising agency created for our washing machines. I'm greatly impressed by their design and effective layout. That's why I'm sending this e-mail to you. I'd like you to help us make some advertisements for another product, Magni EX975 Canister Vacuum Cleaner.

This cleaner has been in stores since last October. This is the flagship model of our Magni vacuum cleaner series, and I'm sure it has enough potential to compete with rival products. In fact, according to customer surveys, most people who have bought the Magni EX975 are satisfied with its performance. In spite of that, the sales of this model have not been going up as we had expected. There may be some problems with our recent advertising. Our advertisements have concentrated on the EX975's eco-friendliness. We should have emphasized more that it has powerful suction power and yet makes less noise than many other vacuum cleaners.

I'd like you to create newspaper advertisements that make these advantages clear. I attached the EX975's product catalog with this e-mail. Would you take a look at it and come to our office with some design samples next week? Then we can discuss what should be put in the advertisements. Please let me know when it is convenient for you.

Yours sincerely,

Patrick Taylor

(27) Why is Patrick Taylor getting in contact with Ms. Brooks?

1 Ms. Brooks' company has developed a new model of washing machine for Hyperion Electronics before.

2 Patrick wants Ms. Brook to help him advertise a new model of vacuum cleaner.

3 Ms. Brook applied for a position at Patrick's company.

4 Patrick used to work at Ms. Brooks' agency.

(28) Why does Patrick Taylor think the Magni EX975 is not selling well?

1 Its performance is not as good as rival products.

2 The current price is set too high for vacuum cleaners.

3 The design of the product is not environmentally friendly.

4 People do not understand how powerful its suction power is.

(29) What is one thing Patrick Taylor wants Ms. Brooks to do?

1 Send him some design samples of advertisements by e-mail.

2 Give him advice about which newspaper to put advertisements in.

3 Look through a product catalog he attached to his e-mail.

4 Attend the staff meeting at his office next week.

予想模試・第2回

Melting Border Lines

As the Earth warms due to climate change, glaciers around the world are melting away. Melting of glaciers can cause natural disasters such as landslides and floods in the neighboring regions. It also has serious impacts on agriculture in the areas where the water from glaciers is used for farming. On the other hand, melting glaciers sometimes create political disputes between two countries whose borders are marked by glaciers. One well-known example of this is the Italian-Swiss border, which is marked by the Theodul Glacier in the Alps.

When the Italian-Swiss border was established along the Theodul Glacier in 1941, the most important guide was a drainage divide — a point at which meltwater runs down either side of the mountain toward one country or the other. Since then, Alpine glaciers have been shrinking due to global warming. The Theodul Glacier lost almost a quarter of its mass of snow and ice between 1973 and 2010. Over the last decade, the melting speed of Alpine glaciers has increased further. The border line is shifting toward Italy, which means that the territory of Switzerland is expanding bit by bit. This has forced Italy and Switzerland to renegotiate their Alpine border line.

Usually, such adjustments are settled by comparing the surveys carried out by the two countries in question, without any particular political intervention. However, in the case of the Italian-Swiss border, the location of the Rifugio Guide del Cervino*, a popular mountain lodge and refuge, is making the situation complicated. When the lodge was built in 1984, it was entirely on Italian land, but now two-thirds of the lodge is technically in Swiss territory. The lodge stands at the top of one of the world's largest ski resorts, which gives "economic value" to the piece of land.

Fortunately, talks between Italy and Switzerland are reported to be going on peacefully. A compromise was proposed in November 2021, in which the hut would remain Italian in exchange for a piece of territory that would help Switzerland for a future project. The Italian-Swiss border issue is drawing attention from other countries that have shared natural borders for hundreds of years. As global temperatures continue to warm, more of these countries may also be forced to redraw their border lines.

*the Rifugio Guide del Cervino：リフュージオ・グイデ・デル・チェルヴィーノ避難小屋

(30) Global warming

    1 is not only affecting the environment but also changing the lifestyle people have followed since old times.

    2 is causing a political dispute over territory between two countries sharing a border line.

    3 is increasing the frequency and intensity of abnormal weather events such as heavy rainfall, heatwaves, and droughts.

    4 is forcing governments to reconsider their agricultural policies because farms are harvesting fewer crops these days.

(31) What is one reason Italy and Switzerland have to redraw their border line in the Alps?

    1 The worsening relationship between the two countries has affected the negotiations on their border line.

    2 Natural landmarks that their border line relies on have been shifting due to global warming.

    3 Their border line in the Alps is losing its effect because it was established in the early 1940s.

    4 The two countries have decided to take measures to prevent the Theodul Glacier from melting any more.

(32) The Rifugio Guide del Cervino has become the center of a political dispute because

    1 it is located on top of the shifting border line between Italy and Switzerland.

    2 its economic importance is increasing more than ever due to the booming tourism industry.

    3 a big project is going on to build a large tourist infrastructure near the lodge.

    4 several natural disasters have been caused by the melting of the Theodul Glacier.

(33) What is one thing the Italian-Swiss border issue suggests?

    1 Negotiations on redrawing a border line usually take a lot of time, and they often end in failure.

    2 Global warming can affect the tourism industry around the world unless some drastic measures are taken.

    3 A border line that had been established centuries ago can be a cause of armed conflict between two countries.

    4 Similar issues can occur with other countries sharing natural borders in the future.

[C]

Uncovering Mummies

Over the last few decades, medical imaging technologies have been applied to archaeological research in many ways. For example, computed tomography scanners, or CT scanners, allow archaeologists to collect a lot of scientific data about the mummies and other remains found in ancient tombs. Sometimes, sophisticated imaging devices reveal terrifying facts concerning ancient remains.

In Ancient Egypt, a pharaoh was a powerful ruler, who reigned as the head of state and the religious leader. By the early 20th century, a lot of mummies of the pharaohs had been dug out of the tombs in the Valley of the Kings on the western bank of the Nile River near Luxor. One of them was the mummy of Ramses III, the last great pharaoh who saved Egypt from foreign invaders in the 12th century B.C. Ancient documents say that his secondary wife, Tiye, hatched a plot to* assassinate Ramses III and bring her son to the throne. It is not clear from the old documents alone whether the pharaoh survived the attempted assassination or not, but many archaeologists have long believed that Ramses III *was* assassinated.

In the early 2010s, an international research team discovered a new fact backing up this traditional theory. When the research team CT-scanned the mummy of Ramses III, they found a cut in the mummy's throat. The cut was so deep and large that it would have killed him immediately. They say it is unlikely that Ramses' throat was cut after death, considering the ancient Egyptian practice of making mummies. The research team also discovered an amulet* called the "Eye of Horus" inside the pharaoh's wound. In Ancient Egypt, the amulet was believed to guard a person who wore it from accidents and restore his or her strength. The researchers believe that the amulet was placed in the wound so that the pharaoh would recover fully for his afterlife.

Such important discoveries would have been impossible without the help of CT-scanning technology. In the past, researchers had to remove the layers of linen wrapping mummies to study the bodies. Today, using medical imaging devices, researchers can examine the inner condition of the mummy to some degree without removing the wrappings. Researchers believe this is good for the mummies because exposure to light for a long time will certainly damage them.

*hatch a plot to *do*：陰謀を企てる　　*amulet：魔除け，護符

(34) What can archaeologists do with the help of medical imaging devices?
  1 They can locate the places where ancient remains are buried.
  2 They can gather scientific data concerning ancient remains.
  3 They can ask doctors for technical advice on using medical devices.
  4 They can study ancient remains without digging them out.

(35) What can we learn about Ramses III from ancient records?
  1 He wanted his son with Tiye to succeed the throne.
  2 He plotted to kill his wife to prevent a coup.
  3 He became the target of an assassination plot by one of his wives.
  4 His remains were dug out of the tomb recently.

(36) The international research team believes that
  1 Ramses III's throat was cut after he died.
  2 there was an accident while Ramses III was being made into a mummy.
  3 Ramses III's wound in the throat was a fatal one.
  4 Ramses III was wearing an amulet when he was assassinated.

(37) What is an advantage to using imaging devices in studying ancient mummies?
  1 The damage that research can do to mummies can be reduced.
  2 Researchers can save time by doing fieldwork under the scorching sun.
  3 Researchers can protect themselves from unknown viruses.
  4 The mummies can be kept in the same posture during research.

(38) Which of the following statements is true?
  1 The latest findings conflict with the traditional theory about Ramses III's death.
  2 Ancient documents tell nothing about what Ramses III had achieved.
  3 Ramses III was killed by one of his wives after an assassination plot failed.
  4 The amulet is believed to have been put in the pharaoh's wound for his afterlife.

予想模試・第2回

●以下のTOPICについて，あなたの意見とその理由を2つ書きなさい。

●POINTSは理由を書く際の参考となる観点を示したものです。ただし，これら以外の観点から理由を書いてもかまいません。

●語数の目安は80語〜100語です。

●解答は，解答用紙のB面にあるライティング解答欄に書きなさい。なお，解答欄の外に書かれたものは採点されません。

●解答がTOPICに示された問いの答えになっていない場合や，TOPICからずれていると判断された場合は，0点と採点されることがあります。TOPICの内容をよく読んでから答えてください。

TOPIC

These days, more and more people prefer paying by smartphone. Do you think this is a good idea?

POINTS

● *Convenience*

● *Security*

● *Risk*

Listening Test

❶このリスニングテストには，第１部と第２部があります。

★英文はすべて一度しか読まれません。

第１部……対話を聞き，その質問に対して最も適切なものを**1**，**2**，**3**，**4**の中から一つ選びなさい。

第２部……英文を聞き，その質問に対して最も適切なものを**1**，**2**，**3**，**4**の中から一つ選びなさい。

❷*No. 30*のあと，10秒すると試験終了の合図がありますので，筆記用具を置いてください。

予想模試・第２回

第１部

No. 1

1 Buy some clothes for the festival.

2 Study about Japanese festivals.

3 Go to the summer festival.

4 Try on yukata.

No. 2

1 He wants to give it to his daughter.

2 He wants to use it at his new house.

3 His friend recommended it.

4 His tea cup set is old.

No. 3

1 Use a different delivery service.

2 Apologize to him sincerely.

3 Handle his item very carefully.

4 Send him a replacement item quickly.

No. 4

1 She's going to order a pizza.

2 She has to work late.

3 She'll have dinner at home.

4 She wants him to cook her favorite food.

No. 5

1 He wants a new one with a cooler design.
2 He found a new model easier to use.
3 He needs a new model for a sports event.
4 He broke his old one in an accident.

No. 6

1 Carry some cases to her house.
2 Pay the delivery fee.
3 Go to another store.
4 Buy some mineral water.

No. 7

1 She wants to repair her bike.
2 She wants them to remove a bike.
3 She has to stay home for a while.
4 She has to tell them how to contact her.

No. 8

1 He has been too busy these last few days.
2 Something may be wrong with his stomach.
3 His cholesterol level is high.
4 He will skip the medical checkup.

No. 9

1 Keep it for future use.
2 Give it to his friend.
3 Replace it with the latest model.
4 Look for a buyer on the Internet.

No. 10

1 To change his Internet provider.
2 To cancel his current service.
3 To report a problem to his Internet provider.
4 To ask the help desk about his computer virus.

No. 11

1 The repairperson has not shown up yet.
2 The noise is disturbing her work.
3 She noticed a water leak in her bathroom.
4 She cannot sleep because of the noise.

No. 12 **1** Replace the remote control.

2 Buy a new TV.

3 Change the batteries.

4 Call the service center.

No. 13 **1** Take some pictures of him.

2 Lend him some of her pictures.

3 Help him put his pictures in an album.

4 Tell him about her youth.

No. 14 **1** Take pictures of autumn leaves.

2 Buy a guide map for his wife.

3 Reserve a cruise on the lake.

4 Rent bikes for cycling.

No. 15 **1** Meet Ms. Becker's clients.

2 Make copies of a document.

3 Reserve the conference room.

4 Call Liz at home.

第2部

No. 16 **1** Study harder.

2 Do more housework.

3 Come home earlier.

4 Do her best during games.

No. 17 **1** They are essential for our health.

2 They damage our cells.

3 They are harmful to our health.

4 They contain little fat.

No. 18 **1** Be careful about their belongings.

2 Drive their cars carefully.

3 Report strangers to the police officers.

4 Watch their children.

No. 19

CD 84

1　Repair the oven.

2　Give up baking bread.

3　Open their shop later than usual.

4　Sell bread at half price.

No. 20

CD 85

1　By moving factories to the sea coast.

2　By removing the salt from seawater.

3　By storing seawater in tanks.

4　By adding some chemicals to seawater.

No. 21

CD 86

1　He had to give up his vacation.

2　He couldn't afford to go to Spain.

3　He increased his budget for traveling.

4　His friend offered him a stay at his house.

No. 22

CD 87

1　Railroad construction began there.

2　An event for travelers was held there.

3　Gold was discovered near there.

4　The two railroads were joined there.

No. 23

CD 88

1　How digital books can harm children's eyesight.

2　How parents should use digital contents for children.

3　How digital textbooks can affect children's learning.

4　How the use of digital textbooks helps school teachers.

No. 24

CD 89

1　Help him with his work.

2　Invite him for dinner at a restaurant.

3　Cook some French food for him.

4　Teach him some French recipes.

No. 25
1 He got injured during the race.
2 He got ill just before the race.
3 He had no time to train for the race.
4 He found the course too hard for him.

No. 26
1 Lend him some money.
2 Find a job for him.
3 Allow him to use her telescope.
4 Buy a telescope for him.

No. 27
1 It is the only sled dog race in Alaska.
2 It is an annual short-distance race.
3 It is sponsored by a group of doctors.
4 It is fought under severe weather conditions.

No. 28
1 It had to avoid a storm.
2 There was a problem during the maintenance.
3 It had to wait for some passengers.
4 It needed to be cleaned.

No. 29
1 To ask for financial help.
2 To get some ideas to attract visitors.
3 To build a new museum in their city.
4 To introduce a new security system to their museum.

No. 30
1 Become an airplane designer.
2 Improve her English ability.
3 Learn how airplanes fly.
4 Fly an airplane.

予想模試・第2回

MEMO

英検®2級　解答用紙

【注意事項】

①解答にはHBの黒鉛筆（シャープペンシルも可）を使用し、解答を訂正する場合には消しゴムで完全に消してください。

②解答用紙は絶対に汚したり折り曲げたり、所定以外のところへの記入はしないでください。

マーク例	良い例	悪い例
	●	◑ ✕ ◓

 これ以下の濃さのマークは読めません。

解　答　欄

問題番号	1	2	3	4
(1)	①	②	③	④
(2)	①	②	③	④
(3)	①	②	③	④
(4)	①	②	③	④
(5)	①	②	③	④
(6)	①	②	③	④
(7)	①	②	③	④
(8)	①	②	③	④
(9)	①	②	③	④
(10)	①	②	③	④
(11)	①	②	③	④
(12)	①	②	③	④
(13)	①	②	③	④
(14)	①	②	③	④
(15)	①	②	③	④
(16)	①	②	③	④
(17)	①	②	③	④
(18)	①	②	③	④
(19)	①	②	③	④
(20)	①	②	③	④

（問題番号欄に「1」）

解　答　欄

問題番号	1	2	3	4
(21)	①	②	③	④
(22)	①	②	③	④
(23)	①	②	③	④
(24)	①	②	③	④
(25)	①	②	③	④
(26)	①	②	③	④

（問題番号欄に「2」）

解　答　欄

問題番号	1	2	3	4
(27)	①	②	③	④
(28)	①	②	③	④
(29)	①	②	③	④
(30)	①	②	③	④
(31)	①	②	③	④
(32)	①	②	③	④
(33)	①	②	③	④
(34)	①	②	③	④
(35)	①	②	③	④
(36)	①	②	③	④
(37)	①	②	③	④
(38)	①	②	③	④

（問題番号欄に「3」）

4 の解答欄は裏面にあります。

リスニング解答欄

問題番号	1	2	3	4
No. 1	①	②	③	④
No. 2	①	②	③	④
No. 3	①	②	③	④
No. 4	①	②	③	④
No. 5	①	②	③	④
No. 6	①	②	③	④
No. 7	①	②	③	④
No. 8	①	②	③	④
No. 9	①	②	③	④
No. 10	①	②	③	④
No. 11	①	②	③	④
No. 12	①	②	③	④
No. 13	①	②	③	④
No. 14	①	②	③	④
No. 15	①	②	③	④
No. 16	①	②	③	④
No. 17	①	②	③	④
No. 18	①	②	③	④
No. 19	①	②	③	④
No. 20	①	②	③	④
No. 21	①	②	③	④
No. 22	①	②	③	④
No. 23	①	②	③	④
No. 24	①	②	③	④
No. 25	①	②	③	④
No. 26	①	②	③	④
No. 27	①	②	③	④
No. 28	①	②	③	④
No. 29	①	②	③	④
No. 30	①	②	③	④

（第1部：No. 1〜No. 15、第2部：No. 16〜No. 30）

キリトリ

くり返し解く場合は、コピ　をとってご利用ください。

4 ライティング解答欄

・指示事項を守り、文字は、はっきりと分かりやすく書いてください。
・太枠に囲まれた部分のみが採点の対象です。

5

10

15

英検®2級 解答用紙

【注意事項】

①解答にはHBの黒鉛筆（シャープペンシルも可）を使用し、解答を訂正する場合には消しゴムで完全に消してください。

②解答用紙は絶対に汚したり折り曲げたり、所定以外のところへの記入はしないでください。

マーク例

良い例	悪い例		
●	◖	✕	◗

 これ以下の濃さのマークは読めません。

解　答　欄				
問題番号	1	2	3	4
(1)	①	②	③	④
(2)	①	②	③	④
(3)	①	②	③	④
(4)	①	②	③	④
(5)	①	②	③	④
(6)	①	②	③	④
(7)	①	②	③	④
(8)	①	②	③	④
(9)	①	②	③	④
(10)	①	②	③	④
(11)	①	②	③	④
(12)	①	②	③	④
(13)	①	②	③	④
(14)	①	②	③	④
(15)	①	②	③	④
(16)	①	②	③	④
(17)	①	②	③	④
(18)	①	②	③	④
(19)	①	②	③	④
(20)	①	②	③	④

欄左側：1

解　答　欄				
問題番号	1	2	3	4
(21)	①	②	③	④
(22)	①	②	③	④
(23)	①	②	③	④
(24)	①	②	③	④
(25)	①	②	③	④
(26)	①	②	③	④

欄左側：2

解　答　欄				
問題番号	1	2	3	4
(27)	①	②	③	④
(28)	①	②	③	④
(29)	①	②	③	④
(30)	①	②	③	④
(31)	①	②	③	④
(32)	①	②	③	④
(33)	①	②	③	④
(34)	①	②	③	④
(35)	①	②	③	④
(36)	①	②	③	④
(37)	①	②	③	④
(38)	①	②	③	④

欄左側：3

4 の解答欄は
裏面にあります。

リスニング解答欄				
問題番号	1	2	3	4
No. 1	①	②	③	④
No. 2	①	②	③	④
No. 3	①	②	③	④
No. 4	①	②	③	④
No. 5	①	②	③	④
No. 6	①	②	③	④
No. 7	①	②	③	④
No. 8	①	②	③	④
No. 9	①	②	③	④
No. 10	①	②	③	④
No. 11	①	②	③	④
No. 12	①	②	③	④
No. 13	①	②	③	④
No. 14	①	②	③	④
No. 15	①	②	③	④
No. 16	①	②	③	④
No. 17	①	②	③	④
No. 18	①	②	③	④
No. 19	①	②	③	④
No. 20	①	②	③	④
No. 21	①	②	③	④
No. 22	①	②	③	④
No. 23	①	②	③	④
No. 24	①	②	③	④
No. 25	①	②	③	④
No. 26	①	②	③	④
No. 27	①	②	③	④
No. 28	①	②	③	④
No. 29	①	②	③	④
No. 30	①	②	③	④

第1部：No.1〜No.15／第2部：No.16〜No.30

キリトリ

くり返し解く場合は、コピーをとってご利用ください。

4 ライティング解答欄

・指示事項を守り、文字は、はっきりと分かりやすく書いてください。
・太枠に囲まれた部分のみが採点の対象です。

（解答欄・罫線のみ）

5

キリトリ

10

15